SANIDAD
DEL ALMA
HERIDA:

Camino a la sanidad interior

ARLINE DE WESTMEIER

Unilit

Sepa

Publicado por
Unilit
Miami, FL 33172

Primera edición 1991
Primera edición 2013 (Serie Bolsillo)

Diseño de la cubierta: Alicia Mejías
Fotografía de la cubierta: © 2013, StudioSmart.
Usada con permiso de Shutterstock.com.

Producto 499148
ISBN 0-7899-1926-5
ISBN 978-0-7899-1926-7

Impreso en Colombia
Printed in Colombia

Categoría: Vida cristiana/Vida práctica/Autoayuda
Category: Christian Living/Practical Life/Self Help

Indice

Dedicado a mi familia:

mi esposo,
Carlos,

nuestros hijos,
David y Ruthie

y

a todas las personas que
me abrieron paso a través
de sus vidas

Prefacio

Durante veintiún años, que mi esposo y yo trabajábamos como misioneros de la Alianza Cristiana y Misionera en Colombia, tuvimos a través de nuestro ministerio el privilegio de conocer muy de cerca la vida de un buen número de personas. Después de servir en la obra estudiantil en Popayán y de pastorear y fundar iglesias en Pasto y Montería, nos trasladamos a Armenia, y posteriormente a Bogotá, como profesores del Seminario Bíblico Alianza de Colombia. Allí, como sicoterapeuta y enfermera de los estudiantes, fui descubriendo día a día la apremiante necesidad de encontrar una forma de integrar lo que había aprendido en mis estudios de sicología y mi conocimiento y fe en un único Dios viviente, quien salva y sana a sus hijos.

Muchos de los estudiantes sufrían de traumas sicológicos, que permanecían aun después de una genuina confesión de su fe en Jesucristo. Yo podía, por medio de mi entrenamiento sicológico, diagnosticar dichos traumas, pero los métodos que la sicología me brindaba eran demasiado lentos para prestar una eficaz ayuda al creciente número de personas que así lo requerían. Ello me llevó a la determinación de buscar nuevas y mejores maneras para ayudarles.

En medio de dicho proceso, mi esposo me facilitó un pequeño folleto escrito por Monseñor Uribe Uribe, obispo de Sonsón, el cual hablaba acerca de "sanidad interior". En éste encontré la base de aquello que estaba buscando. Poco a poco, Dios me fue guiando al conocimiento glorioso de cómo Cristo murió tanto para salvar nuestro espíritu, al igual que para sanar nuestra estructura síquica; su sacrificio tuvo como fin la restauración del individuo en una forma integral y plena.

Por cuanto un buen número de los estudiantes enfrentaban una gran variedad de traumas profundos, me fue imposible ayudarles inicialmente a cada uno en forma particular. Decidimos entonces desarrollar una serie de reuniones o cultos devocionales, centrados en conferencias que dicté acerca de sanidad sicológica, desde una perspectiva cristiana bibliocéntrica. Estas se llevaron a cabo en la capilla del seminario con participación de todos los estudiantes, luego en retiros en las iglesias de Armenia y otras ciudades, con otras denominaciones. Después de las conferencias invitaba a aquellos estudiantes que manifestaban interés, para que participasen en consejería personal. En iglesias y retiros aconsejé personalmente a los que pude, y a los demás les envié a buscar ayuda de sus propios pastores.

Cuando empecé a ayudar a la gente a traer sus traumas a Cristo, no estaba preparada para asimilar la rapidez con la cual ellos obtenían mejoría. Casi no podía creer lo que mis ojos veían; lo que antes hubiera tardado meses y aun años para la consecución de soluciones concretas y definitivas, ahora era cuestión de días o semanas para notar una mejoría. Lo que más me impresionaba de todo el proceso, era el amor y la paciencia de Dios para con sus hijos heridos y dolientes.

A la vez me di cuenta de que no se trataba de un "botón mágico", el cual uno podía apretar para que todo mejorase en un solo instante. Ese camino a la sanidad sicológica que Dios me mostraba, requería que la persona que buscaba dicha sanidad, estuviese dispuesta a cumplir con ciertos requisitos indispensables. Debía principalmente decir toda la verdad en cuanto a aquello que sentía, lo mismo que estar absolutamente abierta delante de Dios a todo lo relacionado con su pasado, costase lo que costase. De la misma manera en que la persona se había puesto de acuerdo con Dios y había admitido todo lo relacionado con sus pecados para recibir perdón, así mismo tendría que ponerse de acuerdo con el Señor y admitir todo aquello que El le mostrara acerca de sus traumas y heridas para recibir su sanidad. Esto requería mucho valor, y siempre encontré personas que no se atrevían a hacerlo.

También descubrí que Dios sana en diferentes niveles. Primero, El sana todo lo que la persona puede abrirle a El, iniciando un proceso de restauración en esta nueva área de su vida. Luego Dios le muestra en un nuevo nivel lo que debe ser traído a El. Nuevas etapas de la vida, tales como el noviazgo, el matrimonio, el ser padre o madre, etcétera, traen sus propias necesidades de sanidad. Este proceso, puede durar semanas, aun meses o años.

Después de recibir sanidad, la persona tiene que aprender a andar en ella. ¿Qué tal si sufre nuevos traumas? Si Dios le ama tanto y le sana, ¿por qué no han sido resueltos todos sus problemas? ¿Cómo puede uno ayudar a otros que sufren? Estas y otras preguntas semejantes surgieron con tanta frecuencia, que me fue necesario buscar al Señor para desarrollar nuevas respuestas que pudiesen proveer herramientas, para permanecer sana y ayudar a otros en esas áreas; con tal fin, dichos desarrollos han sido incluidos en la última parte de este trabajo (capítulos 9 y 10).

Un vocablo que merece particular aclaración en cuanto a su uso en este libro, es la palabra "ver". No hago utilización de él en el sentido físico, sino en el sentido de "ver" de la misma manera como los profetas "vieron" que lo que Dios estaba proclamando era realmente la verdad.

Este libro es el producto de un seminario sobre "Sanidad Interior", que dicté en la Iglesia El Encuentro en Bogotá, Colombia. Agradezco a todos mis amigos en Bogotá y Nyack que me ayudaron a transcribir las lecciones de los cassettes y contribuyeron en su redacción. Agradezco en especial a Ximena Calderón, y a Ricardo y Gloria Stella Díaz por su ayuda en la revisión final.

Los nombres y lugares han sido cambiados con el fin de mantener en forma anónima la identidad de quienes amablemente me autorizaron para relatar sus experiencias.

Este libro está dedicado a mi esposo, Carlos y a mis hijos David y Ruthie, los cuales me animaron y fortalecieron a través de los años; y a todas las personas en Colombia, Alemania, Escocia y los Estados Unidos que me dieron la confianza de abrirme paso a través de las más profundas dimensiones de sus vidas.

Arline de Westmeier

1

Sanidad Integral

"¡Mamá, cierra los ojos! ¡Allá hay una culebra!" —gritó Francia. Ella sabía que las culebras afectaban a su mamá en gran manera.

"No cerré los ojos" —Esther me contó más tarde—. "Yo vi todo el programa de televisión acerca de esa culebra, sin desmayarme. Entonces supe que Dios me había sanado. Sólo El pudo cambiarme de tal forma".

Esther tenía cinco años cuando "la violencia" llegó a su peor época en su tierra. Ella vio a su padre de rodillas, rogando a los soldados que no lo mataran y que no violaran a las mujeres de su familia. Como ellas tenían familiares influyentes entre los conservadores, finalmente los convenció y no lo hicieron. Era la época en Colombia cuando liberales y conservadores se mataban unos a otros, en una cadena interminable de odio, venganza y barbarie.

Muchas veces Esther vio los cuerpos mutilados que eran tirados a un precipicio cerca de su casa. También recordaba claramente los cuervos que volaban en círculos continuos, a la espera de dar inicio a su banquete.

Recordaba un día en especial cuando, acompañada de su hermana, fue a traer agua del arroyo que corría cerca de dicho precipicio. Al acercarse allí, observaron a dos hombres que cargaban un cuerpo amarrado de pies y manos a un palo. De repente, Esther se dio cuenta de que el cuerpo no tenía cabeza y que un hombre que venía atrás la traía dentro de un costal lleno de sangre.

Estas experiencias se repitieron continuamente durante más de dos años, al término de los cuales toda la familia debió abandonar la granja, la cual había sido totalmente incendiada. Esta fue la única alternativa que tuvieron para salvar sus propias vidas.

Ya adulta, Esther le tenía pavor al campo. Si veía una culebra en la televisión, era tal el pánico que se desmayaba. Además, odiaba a la gente que los había hecho sufrir tanto. Ese odio y terror, en lugar de menguar, creció cada vez más, hasta que un día, como consecuencia de todo ello, se encontró recluida en un hospital mental donde debió permanecer por espacio de tres meses.

"Si hubiera sido hombre, me hubiera ido a la guerrilla. Quería matar a esa gente que nos hizo sufrir tanto" —decía Esther.

Con el paso del tiempo, Esther oyó decir que Cristo quería transformar su vida, si ella le aceptaba como su Señor y Salvador personal. Entonces decidió abrirle su corazón a Jesús y recibirlo, y su vida cambió radicalmente. Sin embargo, el pavor al campo y a las culebras permanecieron, y al oír hablar de la guerrilla se llenaba de terror.

Después de un curso de sanidad sicológica, Esther me pidió una cita. Con lágrimas me contó su historia, temblaba al recordar lo sucedido durante "la violencia".

Al terminar su relato, pedí a Dios que le abriera los ojos espirituales para que "viera" lo que habría hecho Cristo si El hubiera venido a su granja durante aquel tiempo. Le dije que recordara otra vez la escena donde su padre estaba arrodillado con las manos en alto, rogando a los soldados que lo rodeaban y apuntaban con su rifles, que no lo mataran y que no violaran a las mujeres de su familia.

"Esther —le dije—, mira ahora la forma en que Cristo hubiera entrado en esta escena. Observa la manera como El hubiese ido hasta donde se encontraban los soldados y recogido todas sus armas. El echaría fuera todo ese odio que está dentro de ellos, y uno por uno caerían de rodillas delante de su presencia. (La Biblia dice que cada rodilla se doblará delante de El). Luego iría donde está tu papá y lo pondría en pie. Mira como lo abraza y le quita todo su terror. Ahora Cristo viene hacia ti; te toma en sus brazos fuertes y amorosos y calma tu terror y temblor".

"Di ahora, ¡Cristo, yo echo sobre Ti todo este terror y odio que siento. Tómalo Tú y cárgalo por mí en la cruz!"

"Ahora, Esther —le dije—, recuerda la escena de aquel cuerpo sin cabeza. Ve al arroyo otra vez con tu hermana. Allí vienen esos dos hombres cargándole atado a un palo, pero ¡mira! allí viene Cristo. (Recuerda lo que El hizo con el hijo de la viuda que murió, lo resucitó). Mira ahora como Cristo se acerca a estos hombres y les ordena que lo pongan en el suelo. Luego exige al otro hombre que tiene la cabeza en el costal, que la traiga y la coloque en el lugar que le corresponde, unida al cuerpo. Ahora Cristo hace lo mismo que Dios hizo con los huesos secos en Ezequiel, capítulo 37: le devuelve la vida. El levanta a aquel hombre y le quita todo el terror que sintió en el momento que fue asesinado".

Colocando mis manos sobre los oídos y los ojos de Esther, oré diciendo: "Gracias, Dios mío, porque tu hubieras preservado la vida de ese hombre. Ahora sana el recuerdo de lo que han visto estos ojos y oído estos oídos; sana el cerebro que ha almacenado estas escenas y haz que cada vez que Esther recuerde dichas imágenes, las vea como Tú las hubieras restaurado".

Unas semanas más tarde, Esther y su hija estaban viendo televisión donde apareció la culebra; Esther supo que Dios le había sanado porque pudo mirar la culebra con calma. Para ella las culebras habían llegado a ser símbolo de todo el terror de su niñez. Ahora el símbolo también estaba perdiendo su significado.

DEFINICION DE NUESTRA NATURALEZA

¿Cómo es posible que una persona pueda llegar a tener problemas tan agudos en su vida? Para entenderlo tenemos que comprender la manera en que Dios nos ha creado. El nos conoce mejor que nosotros mismos. Los sicólogos que estudian al individuo logran encontrar ciertas verdades respecto a nuestra naturaleza, pero la Persona que nos creó nos conoce detallada y minuciosamente en todos los aspectos de nuestra existencia. Si hay algo que no anda bien, Dios conoce claramente el origen del problema y tiene la capacidad de solucionarlo, si nosotros se lo permitimos.

Si un automóvil no marcha bien, podemos llevarlo al taller; el mecánico, quien ha estudiado y conoce su oficio, está en capacidad de reparar algunas de las partes dañadas. Pero si el automóvil tiene un problema muy grave, hay que enviarlo a la fábrica donde fue construido. Quienes fabricaron el auto, conocen su estructura y cada una de sus partes, y sabrán cómo ponerlo en funcionamiento de nuevo. De la misma manera Dios nos conoce y quiere "reparar" nuestras vidas.

En Lucas 4:18, 19 y 21 Cristo dice:

El Espíritu del Señor está sobre mí, por cuanto me ha ungido para dar buenas nuevas a los pobres; me ha enviado a sanar a los quebrantados de corazón; a pregonar libertad a los cautivos y vista a los ciegos; a poner en libertad a los oprimidos; a predicar el año agradable del Señor. Hoy se ha cumplido esta Escritura delante de vosotros.

Cristo ha venido a sanar a los quebrantados de corazón. El vino a libertar a los cautivos, incluyendo la cautividad que generan nuestros propios complejos. ¡Cristo ha venido para darnos libertad!

En el Salmo 147:3 dice: *"El sana a los quebrantados de corazón, y venda sus heridas".* Dios no nos regaña cuando tenemos heridas; El nos sana.

En Isaías 53:4-5 dice:

Ciertamente llevó nuestras enfermedades, y sufrió nuestros dolores; y nosotros le tuvimos por azotado, por herido y abatido. Mas El herido de Dios fue por nuestras rebeliones, molido por nuestros pecados; el castigo de nuestra paz fue sobre El, y por su llaga fuimos nosotros curados.

Observemos el versículo 4 nuevamente. Cristo llevó nuestras enfermedades y nuestros dolores. Dolores y enfermedades son dos vocablos diferentes, con distintos significados que pueden presentarse simultáneamente o en situaciones independientes. La Palabra del Señor nos habla en cuanto a nuestras enfermedades físicas y nuestros dolores síquicos. El también llevó nuestros pecados. Todo lo anterior nos permite concluir que enfermedad, dolor y pecado son nominativos diferentes que afectan diferentes partes de nuestro ser.

En la primera carta a los Tesalonicenses, capítulo 5, versículos 23 y 24, la Palabra del Señor nos dice:

Y el mismo Dios de paz os santifique por completo; y todo vuestro ser, espíritu, alma y cuerpo, sean guardados irreprensibles para la venida de nuestro Señor Jesucristo. Fiel es el que os llama, el cual también lo hará.

En griego, el idioma original en el cual el Nuevo Testamento fue escrito, la palabra que quiere decir alma es *psykhe*, la cual da origen a nuestra palabra siquis o sicología. Al leer el versículo tal como está en el original, encontramos: "El mismo Dios de paz os santifique por completo y todo vuestro ser, espíritu, siquis y cuerpo, sean guardados irreprensibles para la venida de nuestro Señor Jesucristo. Fiel es el que os llama, el cual también lo hará".

Podemos entonces representar estas tres partes del ser humano por medio de un triángulo:

El cuerpo   La siquis

El espíritu

Procedamos ahora a analizar cada una de las partes constitutivas del ser humano, representadas por medio de los lados del triángulo y la forma en la cual la sanidad divina opera en cada una de dichas áreas.

SANIDAD ESPIRITUAL

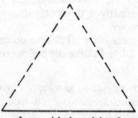

La sanidad espiritual

Oímos decir con mucha frecuencia en nuestras iglesias que Cristo vino para sanarnos espiritualmente y perdonar nuestros pecados. Esta es la base de nuestra sanidad. Podemos indicarla por medio de la base del triángulo que aparece en la figura de arriba.

Cuando nos entregamos al Señor Jesucristo, El entra en nuestra vida, nos limpia de nuestros pecados, nos hace sus hijos y nos da su salvación. La palabra *soso* en griego quiere decir indiscriminadamente, salvar y sanar. No existe en tal sentido dos palabras diferentes. Cristo no vino solamente para salvarnos, sino también para sanarnos. Cuando El salva espiritualmente, sana también nuestro espíritu. Ambos elementos son parte de un proceso único y completo.

SANIDAD FISICA

La Biblia también nos habla acerca de la sanidad física. Santiago nos dice que si alguien está enfermo, debe llamar a los ancianos de la iglesia, quienes le ungirán con aceite, orarán por él y Dios le sanará. De dicha sanidad física oímos hablar con mucha frecuencia. Constantemente las iglesias realizan grandes campañas donde se ora por sanidad física. Aunque esta área es de indispensable importancia para la vida de los creyentes, no la ampliamos en este trabajo, ya que no constituye su propósito central. Incluimos, sin embargo, esta corta sesión con el propósito de agregar la línea de sanidad física a nuestro triángulo humano:

La sanidad
física

La sanidad espiritual

Sin embargo, si solamente consideráramos estos dos aspectos, nos quedaría un lado del triángulo sin la sanidad requerida.

SANIDAD SICOLOGICA
La estructura sicológica es una parte muy importante de nuestra naturaleza humana. Sin embargo, casi nunca se habla en nuestras iglesias acerca de la sanidad que esta área requiere. Casi nunca se menciona que Cristo también vino para sanar nuestra siquis. Dicha sanidad casi siempre la dejamos en manos de los sicólogos, la mayoría de los cuales no conocen a Cristo. Es una lástima la carencia de una adecuada enseñanza en esa área, ya que el Señor vino para sanar nuestra siquis tanto como nuestro espíritu y cuerpo.

En Santiago 5:14-16 no solamente se habla de los enfermos que han de ser sanados y los pecados que serán perdonados; también se nos dice que debemos confesar nuestras ofensas los unos a los otros, y orar los unos por los otros para que seamos sanados.

SANIDAD INTEGRAL

Como consecuencia de lo anterior, el triángulo de nuestra sanidad estaría constituido de la siguiente manera:

Sanidad
del cuerpo, al llamar
a los ancianos, y éstos
ungirnos con aceite.
Cristo llevó nuestras
enfermedades
en la cruz.

Sanidad de la siquis,
al confesar nuestras
faltas. Cristo llevó
nuestros dolores en
la cruz.

Sanidad del espíritu, al confesar
nuestros pecados. Cristo llevó
nuestros pecados en la cruz.

Un aspecto muy importante es el hecho de que cada uno de los procesos de sanidad se lleva a cabo por medio de la oración. Esta ha de ser el instrumento determinante en el desarrollo de tal ministerio.

Continuamente ayunamos y oramos, buscando echar fuera demonios, con el fin de encontrar en el Señor solución a nuestros problemas. Si hay demonios en la vida de alguien, desde luego, se deben echar fuera; pero muchas veces el problema no se encuentra en el área espiritual, sino en el área síquica.

Recuerdo cuando estuve atendiendo el caso de un joven a quien habían tratado de expulsarle demonios en siete ocasiones sin ningún éxito. El problema no se hallaba en su área espiritual, sino en el área sicológica. Tenía una herida profunda que le había causado su padre. Cuando empezó a ser sanado de este problema sicológico, los presuntos "demonios" desaparecieron.

Muchos creyentes piensan que cuando uno se entrega al Señor Jesucristo y ha sido sanado espiritualmente, todo en la vida queda totalmente en orden. Sin embargo, pronto descubrimos que no todo marcha bien, pues hay complejos y depresiones que persisten. Nos preguntamos entonces: ¿No está ya todo mi pasado perdonado; todo aquello que ocurrió en mi vida? Es cierto que todo está perdonado, pero no necesariamente todo está sanado. No hay culpa, pero sí hay dolor. Cristo vino para llevar los dolores tanto como los pecados y las enfermedades.

También debo decir que el carácter de nuestra sanidad es relativo; ya que nunca estaremos completamente sanos, sino hasta que moremos eternamente en el cielo. Consecuentemente, así como podremos tener un resfrío de vez en cuando o una tentación u otro problema espiritual, de la misma manera podremos sufrir dificultades sicológicas. Sin embargo, si llegamos a sufrir de neumonía u otra enfermedad que nos hiciera permanecer en cama, o ser hospitalizados, ya no estaríamos tratando con una "enfermedad normal".

Así mismo, en el área sicológica, no se tiene que estar necesariamente recluido en un hospital mental como prueba de la presencia de complejos y depresiones o de serias dificultades en nuestras relaciones con otros individuos, los cuales no nos permiten funcionar libremente. En tales casos, nuestra "salud sicológica" está afectada y será la lógica consecuencia de no haber entregado nuestros dolores sicológicos al Señor Jesucristo.

Muchos cristianos piensan que al recibir sanidad espiritual toda la vida estará, como popularmente expresamos, en un estado de "gloria" y "aleluya" y, por lo tanto, todo deberá marchar a la perfección. Como consecuencia, llegamos a creer que si se presentan problemas sicológicos es porque nuestras vidas no son genuinamente cristianas.

Recuerdo muy bien a una estudiante del seminario, quien después de una de mis conferencias sobre sanidad interior, me manifestó que esta era la primera vez que había oído hablar de la posibilidad de que un creyente pudiera expresar las luchas y problemas que confrontaba diariamente en su vida. Ella dijo: "Yo pensé que siempre tendría que decir: '¡Todo marcha bien! ¡Estoy llena de gozo!' De otro modo, me parecía estar diciendo que Cristo no valía nada".

STELLA

Uno de los casos en mi experiencia ministerial, que ilustra bien esta distorsión, fue el de Stella. Ella cantaba coros de alabanza a Dios durante todo el día. Siempre estaba "aparentemente" alegre. Al fin, llegué a la conclusión personal de que algo no andaba bien en ella, porque toda persona se levanta algún día con un malestar físico, o simplemente no se siente con ánimo de cantar. Pero Stella cantaba todos los días.

Cuando le conocí un poco mejor, me atreví a preguntarle: "¿No será que tú tienes algún problema?"

Me miró un rato, agachó la cabeza y afirmó: "Sí, yo tengo un problema".

Me contó entonces que ella había sido violada cuando tenía seis años. Eso, lo cual ella llamó su "problema", le hacía sentir que todo su valor como individuo y mujer había desaparecido. Quería morir y empezar a vivir de nuevo.

Un día oyó a alguien predicando en la calle: "¿Quieres tú empezar una nueva vida?"

Ella se dijo a sí misma: "Eso es lo que yo quiero". Ese mismo día recibió al Señor Jesucristo como su Señor y Salvador y con ello el perdón de sus pecados. Pero todavía le quedaba el dolor que le causaba aquello que había sucedido en el pasado.

Stella trató de hablar con una consejera cristiana en cuanto a su problema. Esta le dijo: "No mencione ese problema nunca más, porque ya ha sido perdonado. Olvídese de ello".

Sin embargo, ella no podía olvidar aquello que le había sucedido. Mientras más trataba de olvidar, más lo recordaba. Esa era la razón que le empujaba a cantar desde la mañana hasta la noche. Ese era el medio "espiritual" a través del cual buscaba encubrir su dolor.

Cuando Stella me contó su problema, llevamos juntas todo ese dolor al Señor Jesucristo y lo echamos sobre El en oración. El lo llevó en la cruz, eliminando la necesidad de ocultarlo a través de una aparente conducta espiritual. Stella ya no necesitaba cantar día y noche.

Posteriormente, ella se retiró de su trabajo e inició

sus estudios secundarios. Unos años después, al encontrarme con ella de nuevo, le pregunté: "¿Cómo te va con tu problema?"

"¿Mi problema? ¿Cuál problema? Yo no tengo problemas. Mis estudios marchan muy bien y no tengo ningún problema con mis calificaciones".

"No, no. ¿Cómo te va con aquel problema? El que me contaste".

"¡Ah, eso! Eso ya pasó. ¡No, no! Ya no hay problema con eso". Dios había sanado a Stella completamente de aquel dolor que por años había sido incapaz de olvidar.

2

Función de la mente

FUNCION DE LA MENTE

¿Cómo es posible que lo sucedido en el pasado nos siga molestando tanto? Nos decimos: ¡Ya no me duele tanto! ¡Ya he olvidado eso! ¡Ahora me va mejor! Pero seguimos acomplejados y deprimidos. ¿Qué es lo que nos pasa?

EL CONSCIENTE

Todos hemos oído decir que tenemos una parte consciente, la cual está enfocada en las actividades que estamos realizando. Somos conscientes de lo que sucede a nuestro alrededor. Esto se puede expresar gráficamente de la siguiente manera:

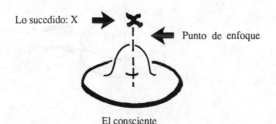

Lo sucedido: X

Punto de enfoque

El consciente

En un salón de conferencias uno enfoca su mente en lo que está escuchando. A la vez, se está consciente de las luces del salón que están encendidas, la persona sentada al lado, y el ruido de los vehículos que transitan por la calle. Al enfocar la mente en el bebé que está llorando en el mismo salón, podemos apenas levemente percibir la voz del conferencista. Sin embargo, de una forma u otra somos conscientes de mucho de lo que sucede alrededor nuestro.

EL SUBCONSCIENTE

¿Puedes recordar exactamente lo que estabas haciendo ayer a esta hora? ¿Estabas acaso trabajando en la casa, en la oficina, alistando la ropa de los niños, o viajando quizás? Es bastante fácil. Probemos ahora con algunos períodos de tiempo más amplios. ¿Puedes recordar lo que estabas haciendo hace quince días, hace un mes, hace un año, hace cinco años? Esto se hace cada vez más difícil. Analicemos entonces las razones que originan esa dificultad.

Debajo del nivel consciente de nuestra mente, se encuentra el subconsciente. Esto puede ser ilustrado de la siguiente manera:

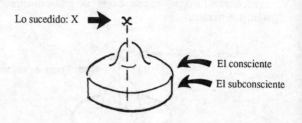

Lo sucedido: X

El consciente

El subconsciente

En el consciente se reciben experiencias e impresiones. Es fácil recordar lo que ocurre en el momento presente, cuando ellas están sucediendo y afectándonos. Sin embargo, con el paso del tiempo, lo sucedido desciende al subconsciente, donde solamente nos es posible recordarlo deteniéndonos a pensarlo cuidadosamente. Entre más tiempo transcurre, el llegar a recordarlo se hace más difícil.

EL INCONSCIENTE

¿Puedes recordar lo que hiciste en esta misma fecha, hace cinco, diez o más años? Cuando la imagen del evento sucedido pasa al inconsciente, ya no podemos recordarlo. Esto se puede ilustrar de la siguiente manera:

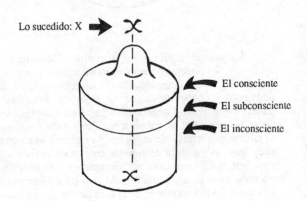

Lo sucedido: X

El consciente
El subconsciente
El inconsciente

Este proceso se llama "olvido pasivo". Es normal e indispensable, porque de otra forma sería horrible si tuviéramos presente lo que nos ha sucedido durante toda la vida. No habría lugar en la mente para nuevas experiencias.

Hay otra clase de olvido llamado "olvido activo". Cuando nos sucede algo que nos duele demasiado, la mente lo reprime en el inconsciente. Podemos imaginar esto,

25

trazando una línea de represión, tal como lo demuestra la gráfica:

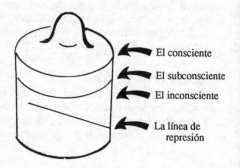

La mente reprime los recuerdos demasiado dolorosos. No podemos recordar lo sucedido, pero eso no significa que ha desaparecido de la memoria. Esto lo podemos ver claramente en el caso de personas que padecen epilepsia. Cuando se les somete a cirugía cerebral, no se les anestesia en forma total. En estado consciente y al aplicar pequeños electrodos en el cerebro y una corriente muy leve, el paciente de repente empieza a revivir alguna experiencia de su pasado, por ejemplo oír una canción que no escuchaba desde su niñez. Al desplazar ligeramente el electrodo podría acordarse de la cara de alguien en quien no ha pensado por años, o quizás escuchar una conversación en la que tomó parte tiempo atrás.

Lo anterior significa que lo que nosotros vivimos no está olvidado, solamente no podemos recordarlo.

Dios nos dice que El olvida nuestros pecados, pero nosotros no podemos hacerlo. No podemos recordar todo, pero lo sucedido está allí debajo, guardado muy profundamente en el fondo de nuestro inconsciente. Sucede, como enseñábamos anteriormente, que cuando entra algo doloroso en el inconsciente lo reprimimos. La mente lo coloca debajo de la línea de represión. Este proceso de represión podemos ilustrarlo así:

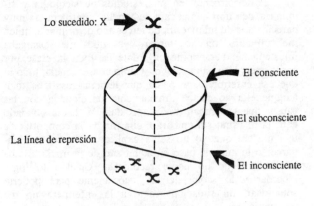

Lo sucedido: X

El consciente

El subconsciente

La línea de represión

El inconsciente

Incidentes reprimidos

Como consecuencia de lo anterior, llegamos a pensar que lo hemos olvidado. Sin embargo, ello continúa "vivo" en nosotros. Más tarde reprimimos otros sucesos dolorosos y a éstos agregamos otros. Finalmente, desde lo profundo de nuestro ser, lo reprimido empieza a presionarnos de tal manera que actuamos de una forma que ni nosotros mismos podemos entender.

Cuando yo estaba estudiando enfermería, teníamos cinco profesoras que nos enseñaban a arreglar las camas, colocar inyecciones, etcétera. Siempre que yo tenía que hacer una demostración bajo la supervisión de la señorita Tiffany, parecía que mis manos se enredaban totalmente y que yo perdía el control, haciendo todo torpemente. Yo no podía hacer nada bien frente a ella, mientras que con las otras profesoras todo me salía a la perfección.

Me pregunté entonces por qué me ocurría esto, teniendo en cuenta que yo había trabajado en un hospital como ayudante y tenía suficiente experiencia. Un día la señorita Tiffany me preguntó por qué no me comportaba con ella como lo hacía con las demás profesoras. Yo no sabía la respuesta, y sentía tanto temor de ella que ni pude decirle cuánto le temía.

Posteriormente, en mis estudios de sicología y siquiatría, descubrí que la cara de aquella enfermera era muy parecida a la de mi maestra de tercer año de primaria, quien me infundía mucho temor, ya que me castigaba injustamente, parándome en frente de toda la clase por cosas que yo no había hecho. Como consecuencia, todo lo que esa enfermera me pedía que hiciera, resultaba mal; aunque ella no estaba directamente relacionada con las causas que generaban mi incapacidad. Yo había olvidado aquella maestra; sin embargo, ella me hacía comportar de una manera que yo no sabía explicar. No había desaparecido lo que me pasó en aquel año de primaria, estaba latente, aunque no podía recordarlo. Cuando lo logré recordar y lo saqué de mi inconsciente para poderlo solucionar, mi situación frente a la enfermera no me incomodó más.

ALICIA

Alicia tenía problemas con todas las personas con quienes trabajaba, pero ella sostenía que eran los demás quienes originaban tales problemas. Al hablar conmigo respecto a esta situación, yo le pregunté acerca de su niñez: ¿Qué hechos significativos habían ocurrido en su vida? ¿Cómo había sido?

Ella me dijo enfáticamente: "Doña Arline, yo no soy como otras personas que pueden recordar acerca de su niñez. No puedo recordar nada de lo que ocurrió en mi vida hasta cumplir los 11 años. Lo único que viene a mi memoria son los comentarios de algunas personas que decían que mi hermano estaba muy feliz cuando yo nací. Fuera de eso, yo no recuerdo nada".

Al escuchar sus palabras, yo me pregunté: ¿Estará esto relacionado con sus problemas de interrelación con otras personas? ¿No será que tuvo tantos problemas durante esa etapa de su vida que los reprimió en su totalidad?

Poco tiempo después, Alicia tuvo un disgusto con

otra persona; quiso hablar conmigo, pero no pudimos hacerlo sino tres meses después. Al preguntarle que había sucedido, me contestó que casi no podía acordarse. Me dijo: "Me parece que fue así, pero francamente no lo puedo recordar. Sabe, eso es lo que siempre me pasa con cualquier cosa que me duele. Después que pasa un tiempo, no lo puedo tener presente".

Aquel día oramos por todas aquellas experiencias dolorosas que ella podía recordar. También oramos para que pudiera traer a la memoria lo que había ocurrido en su pasado y que ella aparentemente había olvidado. Después de un año nos encontramos de nuevo y me dijo: "¿Sabe algo? Ya puedo recordar mucho más de mi niñez".

Al principio Alicia tenía un bloqueo casi total. Pero en la medida que Dios la fue sanando, ella pudo traer a la mente otros recuerdos reprimidos.

Hace poco nos volvimos a encontrar; tenía nuevamente un problema en el cual había una persona que no la entendía. Esta nueva situación le permitió recordar otras experiencias dolorosas y reprimidas en el inconsciente. Entre ellas, le vino a la memoria el hecho de que nunca pudo hablar con su padres acerca de ninguno de sus problemas, por cuanto tales problemas eran intolerables para ellos. Como consecuencia de esto, Alicia tenía que mantenerse en una actitud alegre a pesar de sus dificultades, y ello le hizo sentirse completamente rechazada por sus padres, lo que generó que ella también los rechazara; para luego rechazarse a sí misma como consecuencia de su actitud hacia ellos.

Cuando Alicia se entregó a Cristo consideró inadmisible la idea de todos esos rechazos, por cuanto, para ella, alguien que había entregado su vida al señorío de Cristo no podía ni debía experimentar esta clase de sentimientos. Por lo tanto, su mente reprimió todo recuerdo de lo sucedido. Cuando ella descubrió y entendió este complicado proceso de rechazo, lo echó sobre Cristo y su vida cambió radicalmente.

GLORIA

Gloria vivía con nosotros en el Seminario de Armenia. Yo ignoraba que ella nos había tomado a mi esposo y a mí como sus padres. Estando ausentes con motivo de nuestras vacaciones, nos llamaron para informarnos que ella estaba muy enferma. Al regresar a la casa, la encontramos completamente fuera de sí; quería predicar a todo el mundo sobre Cristo, pretendía predicar al viento, a los gatos, a los perros; predicaba descalza y en pijama a los jóvenes. Si no podía encontrar a nadie, le predicaba a los muebles.

¿Qué le estaba ocurriendo a Gloria? Su mamá había sido muy cariñosa con ella hasta que cumplió cinco años; pero a partir de ese momento ya Gloria no pudo agradarle con nada. Todo lo que hacía la contrariaba. Les decía a sus hermanos menores que ella no servía para nada y que no debían poner atención a lo que ella decía.

Cada domingo, cuando la mamá iba a la iglesia, la dejaba encerrada con llave, con la responsabilidad de cuidar a sus hermanos menores, para evitar que se fueran a meter en problemas, haciendo algún daño. Desde luego, ninguno le prestó atención a Gloria y cada uno hizo lo que quiso. Al regresar de la iglesia, la mamá siempre responsabilizaba y regañaba a Gloria por los daños que los pequeños habían hecho.

"¿Ves?", gritó la mamá, "¡Te dije que no servías para nada! ¡Mira lo que han hecho los niños!" y a los niños les dijo: "Ya saben que Gloria no sirve para nada, no deben prestarle ninguna atención a lo que ella dice".

Finalmente, Gloria tuvo que salir de su casa. Se fue a vivir a la casa de una hermana donde le aceptaron bien y encontró el calor de un verdadero hogar. Sin embargo, tres años más tarde su hermana y el esposo, que era pastor, fueron comisionados para trabajar en una iglesia ubicada en la selva. La nueva situación no les permitió llevar a Gloria consigo, quien encontrándose sin a dónde ir, se trasladó a vivir al seminario; circunstancia que le llevó también a separarse de su novio.

Fue muy agradable tener a Gloria en el seminario. Estudiaba allí de día y en la escuela secundaria por la noche. Todas sus notas eran sobresalientes. Tenerla de visita en casa también era muy agradable, puesto que era muy hacendosa y colaboraba mucho con los quehaceres del hogar. Cuando los estudiantes terminaban de tomar café, Gloria se sentía incapaz de volver a clase, si no había lavado y guardado hasta el último pocillo.

Cuando terminó el semestre, todos los alumnos se fueron a sus hogares. Como Gloria no tenía a dónde ir, se quedó hospedada en el seminario y trabajó en la biblioteca. Al salir también nosotros de vacaciones, ella fue a visitar a su novio. Pero en la iglesia a donde ellos asistían encontró a una chica que le dijo: "Estoy locamente enamorada de tu novio y voy a ver a una bruja que se encargará de que te deje y se quede conmigo".

Esta pobre jovencita pensaba que su mamá la había abandonado, también su hermana la había abandonado, y sentía que nosotros la habíamos abandonado. Lo único que le quedaba era su novio y ahora iba a perderlo también. No pudo aguantar más y enloqueció.

Tuvimos que trasladarla a otra ciudad, donde había un psiquiatra cristiano. Al preguntarle quiénes eran su madre y su padre, ella respondió: "Don Carlos y Doña Arline" (mi esposo y yo). No podía recordar siquiera quiénes eran sus padres. Ellos la habían herido tanto, que había reprimido todo recuerdo de ellos. Pasaron varias semanas antes que pudiera recordar que nosotros no eramos realmente sus padres.

Este caso nos muestra una vez más que nosotros no olvidamos. Lo que nos sucedió en la niñez no está muerto, permanece.

Haciendo mis estudios de postgraduada, trabajé en una clínica donde acudían personas con problemas neuróticos. Venían durante el día a hablar de sus problemas. Lo que más me llamaba la atención era el hecho de que los pacientes sacaban sus problemas, los miraban, los revivían y entonces se les decía escuetamente, como conclusión final: "Ahora acepta que éste es tu problema y vive con él".

Esto les permitía experimentar cierta mejoría; ya que sus problemas no les dolían tanto, podían más o menos vivir con ellos. Ciertamente, con la sicología podemos ayudar a una persona a sacar sus problemas, arreglarlos un poco para que no le molesten tanto, pero no podemos solucionarlos definitivamente. No hay sicología en este mundo que pueda borrar los problemas. Solamente Cristo puede borrarlos. Sin embargo, eso no quiere decir que El nos hace olvidar lo sucedido. Hay quienes piensan que cuando han sido sanados de heridas del pasado, no van a recordar lo sucedido. Eso no es verdad. Ocurre de la misma manera en que nos afectan experiencias de carácter físico.

Yo tengo una cicatriz en mi rodilla derecha y puedo recordar muy bien su origen. Tenía ocho años y estaba sosteniendo una llanta sobre mis rodillas mientras mi hermano trataba de partirla con un cuchillo. Cuando finalmente lo logró, el cuchillo resbaló, causándome también una herida muy grande. Recuerdo muy bien cómo la sangre brotaba abundantemente y sentía un profundo dolor que me hacía gritar.

Nosotros vivíamos en una granja en las montañas de Pennsylvania; no teníamos mucho dinero y el médico vivía muy lejos de allí. Recuerdo perfectamente que mi madre me hizo sentar con mi pierna en otra silla y mis padres me llevaban de la silla a la cama y de la cama a la silla durante una semana, hasta que la herida sanó. Actualmente tengo una cicatriz, la cual permitiría pensar que el mejor médico me hubiera puesto los puntos. No me duele, y cuando me la golpeo no experimento ninguna molestia; puedo hablar de dicho suceso o puedo olvidarlo, ya no me importa. Todo esto es posible por el solo hecho de que he sido sanada totalmente.

Si la herida no hubiera cicatrizado, yo la tendría tapada con una venda. Yo estaría vigilando que nadie se acercara a ella, que no la miraran, y que ni siquiera me hablaran de ella. Me pondría muy enojada si alguien tratara de destaparla, porque me dolería; o la mantendría destapada, y estaría diciendo a todo el mundo: "Miren lo que hizo mi hermano, esa es la clase de hermano que yo tengo". Es decir, me mantendría yendo de un extremo a otro. Pero ya no tengo que hacer nada de eso, porque mi herida está sanada. La cicatriz permanece, puedo recordar lo que pasó, pero ya no experimento dolor alguno.

Esto es exactamente lo que ocurre con nuestras heridas sicológicas cuando han sido sanadas. Podemos hablar de ellas sin tener que ocultarlas, pero ya no tendremos que hacerlo continuamente, porque el dolor que antes producían ha desaparecido.

3

Necesidades humanas básicas

Hay necesidades básicas en cada ser humano, que tienen que ser satisfechas durante la niñez. Si eso no sucede, vamos a tener muchas dificultades cuando seamos adultos. ¿Cuáles son esas necesidades que al ser satisfechas hacen que los niños se desarrollen normalmente sin heridas?

Tenemos necesidades básicas primarias, tales como: la comida, el aire, el agua, el abrigo, etcétera. Sin estas cosas no subsistiríamos. Hay otras necesidades que llamamos secundarias. Cuatro de ellas son las siguientes:

EL AMOR

Los niños pueden morir por falta de amor. El niño al nacer es como un "vaso vacío"; no puede dar amor. Los padres —en primer lugar la madre y luego el padre— tienen que llenar de amor este vaso. El amor tiene que ser expresado de una manera que el niño pueda sentirlo. Tenemos que "echarle" más y más amor, hasta que el vaso se llene y empiece a rebozar. Entonces, el niño podrá empezar a dar amor.

Si este "vaso vacío" nunca se llena, el niño nunca podrá dar amor. Más aun, "su vaso" llegará a ser un vaso sin fondo, en el cual se podrá "echar" amor sin medida y nunca se llenará. El niño nunca se sentirá amado. Más tarde puede casarse y su cónyuge podrá amarlo muchísimo, sin embargo, no se sentirá amado, y tampoco podrá dar amor.   ¿Cómo es posible que un niño tan pequeño pueda saber si es amado o no? El aún no entiende si le decimos: "Yo te amo".

Unos sicólogos estudiaban el comportamiento de nuevas madres recluidas en una cárcel. Ellos querían saber si podían predecir cuáles madres iban a quedarse con sus hijos y cuáles iban a darlos en adopción. Las madres todavía no sabían si iban a quedarse con sus bebés o no. Pronto los sicólogos supieron cómo iban a decidirse ellas. ¿Cómo lo supieron?

Las madres que al final se quedaban con sus niños, al recibirlos en su brazos, tocaban la cabecita del bebé con la yema de los dedos y luego con toda la mano; lo desenvolvían y le contaban los deditos de las manos; le miraban los brazos, el abdomen, las piernas y le contaban los deditos de los pies. Luego lo envolvían otra vez con cuidado y lo alimentaban. Las madres que dieron el bebé en adopción, lo recibían en los brazos y de una vez lo alimentaban.

Si los sicólogos pudieron notar una diferencia tan grande en el comportamiento de las madres y predecir cuáles iban a quedarse con sus hijos, cuánto más puede el bebé sentir si su madre de veras lo quiere. Cuántas madres cuidan a sus hijos con disgusto. Después el niño, ya adulto, muy dentro de sí se siente rechazado.

CRISTIAN

En nuestra familia tuvimos una experiencia muy triste de un niño que no se sentía amado. Un familiar nuestro no vivía una vida cristiana. Al quedar su novia embarazada, se casaron rápidamente para que nadie se enterara de la situación. Ya casados, se dieron cuenta de que no se conocían suficientemente.

Después que nació Cristian, se cansaron de quedarse en casa y le dejaban en su cuna mientras el uno salía para la discoteca y el otro para el café. Casi tres años más tarde, vino el divorcio y a Cristian lo dejaron con la tía abuela, quien lo amaba y lo cuidaba bien. Sin embargo, ella tenía casi setenta años, y no tuvo la fuerza para cuidarlo más que un año.

Luego un tío de Cristian se casó y le ofreció su hogar. Cristian comprendió que ya no podía quedarse con la tía abuela, y le pidió: "Tía, ¿no puedo quedarme contigo? Tú no me vas a mandar lejos, ¿verdad?" Efectivamente, llegó el día que la tía abuela no pudo quedarse más con él y Cristian tuvo que ir a vivir con el tío recién casado.

El tío y su esposa amaban a Cristian y le aseguraron que esa sería su familia, él sería su hijo para siempre y ellos serían sus padres. Le dijeron que su mamá le amaba, pero más bien como una tía. Al fin, Cristian aceptó a su nueva familia y a los dos hermanos y hermana que nacieron.

Un día, su madre vino a llevarlo de vacaciones con ella, y le afirmó: "Yo soy tu mamá. Es tu tía quien te ama como tía y yo te amo de veras como mamá". Sin embargo, al fin del mes, ella dejó nuevamente a Cristian con sus tíos.

El pobre Cristian, ya estaba completamente confundido. Si la mamá lo amaba como mamá y la tía como tía, ¿por qué la mamá lo dejó con la tía, quien le dijo que ella lo amaba como mamá y la mamá lo amaba como tía? En fin, lo único que Cristian podía hacer era sentarse en la cama y escuchar un disco que la mamá le había regalado. Ya no jugaba y no podía ir al jardín infantil.

Al fin, los tíos le llevaron a un sicólogo, y tuvo que ir a un kindergarten para niños con problemas. Tenía los hombros encogidos y estaba muy flaco; parecía un hombre viejo; sufría de asma. Los tíos le dieron todo el amor posible, pero Cristian no podía sentirse amado. El sicólogo les dijo que eso no había empezado con el divorcio sino en sus primeros días de infancia, cuando lo dejaban solo en la cuna por largas horas.

Entonces, la madre decidió llevarse a Cristian para cuidarlo ella misma. Lo cuidó bien, lo llevó a un sicólogo y le puso en un colegio especial. Sin embargo, cuando llegó el tiempo de ir de vacaciones, ella no quiso llevar a Cristian, sino se fue sola con su amante y dejó a Cristian con su padre y la madrastra.

El asma de Cristian había empeorado a través de los años. La madre había decidido que al volver de vacaciones lo enviaría por quince días a una isla donde trataban a los niños con asma. Para ello, él tendría que viajar solo en tren. Pero Cristian le tenía pavor a dormir en cualquier cama distinta a la suya y por lo tanto, temía este viaje.

Poco antes de regresar la madre de sus vacaciones, Cristian se agravó y lo llevaron al hospital. Ella regresó un miércoles y lo sacó del hospital para enviarlo a la isla el viernes siguiente. Cuando llegó a la casa, le dio otro ataque de asma. Rápidamente lo llevó de nuevo al hospital, pero al llegar estaba muerto. Cristian fue enterrado el día que cumplía diez años.

Pregunté a un siquiatra si era posible que la causa de su muerte hubiera sido la falta de sentirse amado; él aprobó. Eso fue seguramente lo que causó su muerte. A pesar de que Cristian recibió tanto amor después, el "vaso" ya tenía el fondo roto y no podía sentir el amor.

Ese es un ejemplo dramático, pero ¡cuántos de nosotros andamos en esta tierra con nuestros "vasos" rotos! No podemos sentir amor porque no lo recibimos en la niñez.

Cuando nosotros vivíamos en Montería, un día llevé la ropa a la lavandería; cuando fui a recogerla, toqué a la puerta, pero nadie atendió a mi llamado. Desde el exterior pude escuchar el llanto de un niño que por su manera de llorar parecía tener uno o dos años. Yo necesitaba el traje de mi esposo y pensé que al estar el niño llorando así, alguien vendría a atenderle. Esperé por veinte minutos y durante todo ese tiempo el niño no cesó de llorar y gritar con terror. No sé si los de su familia estaban borrachos y no pudieron oír, o si de veras salieron y dejaron a ese niño solo.

¡Cuántos niños se encuentran en la misma situación! Lloran y lloran, y no son atendidos o si los atienden, lo hacen de mala gana. Una amiga mía que estaba en el hospital para tener su quinto hijo, se hallaba en el mismo cuarto con otra madre cuyo esposo no creía en la planificación familiar, y aquel era su decimotercer hijo. Al llegarle una hijita, la recibió en sus brazos con tristeza y llanto. Aunque esa madre lo intentara, por sus muchos quehaceres no le sería posible dar a su hija el amor que necesitaba.

En otros casos puede suceder que la madre muera y la madrastra no ame al niño como debiera; tal vez al niño hayan tenido que llevarlo al hospital y lo separaron de sus padres; quizá por los muchos problemas en la familia, no le prestaron la atención necesaria y en alguna forma le falta amor; puede ser que la madre misma no haya recibido suficiente amor cuando era pequeña y no sepa dar amor de una manera que el niño pueda sentirlo; o puede ser que el padre sea un borracho y cuando viene a la casa le infunde tanto temor a la mamá que ella no puede desenvolverse; cualquiera de estos casos deja el "vaso" del niño o la niña "sin fondo". Tal vez tú naciste durante un tiempo de violencia o de guerra, cuando hubo tanto temor que no quedó tiempo para darte amor y eso ha hecho que tu "vaso" se quede "sin fondo".

EL PERDON

Otra necesidad de cada niño es recibir perdón. Los padres tienen que perdonar muchas veces al niño. Si él no recibe suficiente perdón por sus errores hasta llenar su vaso y hacerlo rebozar, cuando llegue a ser un adulto no existirá perdón en él para poder perdonar a otros. Nadie puede perdonar más de lo que ha sido perdonado.

El perdón es algo muy sutil. Decimos: "Perdono, pero no olvido". ¡Eso no es perdón! Perdón es quedar con la persona como si el asunto no hubiera ocurrido.

Dijimos a nuestros hijos que los amaríamos por siempre, sin importar lo que ellos hicieran. Aunque algún día hicieran algo tan terrible que tuvieran que ir a la cárcel, aún les amaríamos y les perdonaríamos. Estaríamos muy tristes, oraríamos y ayunaríamos hasta que se arrepintieran, pero jamás dejaríamos de amarles, tampoco dejaríamos de perdonarles. Veamos esto con un ejemplo:

Habíamos enseñado a nuestros hijos que no debían brincar encima de las camas para no dañar los colchones, pero un día al acostarles, encontré el colchón de David casi hecho pedazos. El algodón del colchón estaba amontonado por partes y en otras partes no había nada, en realidad había quedado inservible.

"David —le llamé—, ¿estuviste brincando encima de tu cama?"

"No no, mamá —dijo él—, yo no estaba brincando encima de mi cama".

"No, mamá —agregó Ruthie—, él realmente no estaba brincando encima de la cama, sino que se metió debajo del colchón para 'jugar a la carpa'".

"Pero, niños, miren lo que hicieron. Destruyeron el colchón, ya no sirve para nada. ¿Cómo se les ocurrió hacer algo así? No tenemos dinero para comprar otro" —les aleccioné mientras trataba de acomodar el algodón. No pudiendo arreglar bien el daño, tuve que acostar a David en el colchón "medio arreglado".

"Mamá —dijo David—, lo siento mucho, perdóname".

Entonces, tragándome las palabras le contesté: "Está bien, David, yo te perdono".

Pero la siguiente noche, al ver el colchón que no había logrado arreglar bien, nuevamente les aleccioné: "David, ¿cómo se te occurió dañar el conchón así? No podemos comprarte otro".

"Mamá —lloró David—, nunca volveré a hacerlo, por favor perdóname".

"Está bien, David, te perdono" —le dije otra vez.

Sin embargo, la próxima noche al ver el colchón le dije: "Ay, David, mira este colchón, es terrible".

"Mamá —dijo David llorando—, ¿no podré nunca ser perdonado?"

Eso me hizo reflexionar. ¿Qué estaba enseñando a mi hijo? Le había dicho que jamás dejaría de perdonarle, hiciera lo que hiciera, pero ahora le estaba demostrando que dañar el colchón no estaba incluido. ¿Qué clase de perdón era ese? Así no era como Dios me había perdonado a mí.

Tomé a David en mis brazos y le pedí perdón por no haberle perdonado verdaderamente. Luego invertí el colchón de tal manera que yo no tenía que ver la parte dañada cada noche.

En ese caso yo no estaba llenando el "vaso" de David con perdón, más bien, estaba diciéndole que hay ciertas cosas que son tan terribles que no pueden ser perdonadas.

Como cristianos sabemos que tenemos que perdonar a otros. La pobre persona trata de "amasar" sus sentimientos hasta que alcanza a sentir algo parecido al perdón. Entonces dice que perdona a la persona que le hizo daño, y reprime todo el dolor que siente en cuanto al asunto.

El hecho es que nosotros no podemos perdonar más de lo que hemos sido perdonados. Muchos de nosotros hemos sido tan heridos que jamás podemos perdonar a la persona que nos hizo daño. Sin embargo, sabiendo que como creyentes "tenemos que" perdonar, tratamos y tratamos de "amasar" sentimientos de perdón y nos sentimos culpables por no alcanzar a formar esos buenos sentimientos. En verdad, vivimos en "bancarrota" en cuanto a sentimientos de perdón, no los tenemos y no podemos crearlos.

MERCEDES

Mercedes creció en una familia muy desorganizada, el padre era jugador, perdió mucho dinero en el juego. Mercedes siguió su ejemplo y cuando tenía cinco años perdió, jugando, los cinco pesos que la madre le había dado para hacer un mandado.

Cuando su padre se dio cuenta de lo que ella había hecho, le amarró las manos, la colgó de una viga y la castigó con correa hasta que se cansó. Luego la mamá siguió con el castigo hasta cansarse. Cuando la niña se desmayó, le metieron en una alberca con agua fría para revivirla y seguir pegándole. Por una semana la recluyeron en una alcoba, sin ropa, para mostrarle qué mala era.

La vida de la niña fue de mal en peor. A los siete años fue violada por su hermano; luego tuvo tres hijos de un tío y más tarde otros dos de padres diferentes, todos ellos productos de violaciones. Además, los deseos de jugar por dinero le siguieron siempre.

Un día oyó hablar del evangelio y se entregó a Cristo pero no tenía paz. Después de orar por toda su vida anterior y entregar todo el dolor a Cristo, alcanzó a perdonar a los que le habían hecho daño. Sin embargo, tenía mucha dificultad en perdonar a los que con ella trabajaban y siempre quería llamarles fuertemente la atención sobre cualquier falla.

Ella me dijo: "Siempre pienso que si a mí me colgaron por cinco pesos, por qué no puedo yo llamarles la atención por lo que ellos hacen".

Tuvimos un tiempo de oración especial en cuanto a ese castigo cruel que el padre le había dado. Yo le insistí que dijera en voz alta exactamente lo que ella sentía por lo que su padre le había hecho.

"El es injusto. No era justo lo que él hacía" —al fin dijo ella.

Le contesté: "Di a la memoria de tu papá: 'Papá, tú eres injusto'".

Mercedes no dijo nada por un tiempo. Al fin dijo pensativa: "No, no es verdad que mi papá sea injusto".

"Pero entonces, ¿que es él?" —le pregunté.

"El es... El es... pues, ¡él es un demonio"! —al fin gritó. "¡El es un demonio!"

"Dile, pues, 'Papá, tú eres un demonio'. ¡Jamás podré perdonar lo que tú me has hecho!"

Mercedes estalló en lágrimas. "Sí, es verdad. Jamás te podré perdonar, Papá. ¡Tú eres un demonio!"

Le puse la mano sobre el hombro para consolarla, "Dile a Cristo: 'Cristo, yo odio a mi papá. Quisiera que muriera. ¡No quiero verlo más!'"

"Sí, Cristo, esa es la verdad. ¡Lo odio! ¡Lo odio! Quiero que muera. No quiero verlo nunca más".

"Dile a Cristo: 'Cristo, yo no puedo aguantar más este odio. Me está acabando. Ya mismo, Cristo, yo tomo el odio, la injusticia, el rebajamiento que yo siento y lo echo todo sobre ti. Cárgalo por mí, yo no soy capaz'".

Mercedes, que seguía la oración con todo su ser, luego oró: "Cristo, yo no puedo perdonar a mi papá, pero ahora que he echado todo sobre ti, te pido que pongas nuevo "fondo" en mi "vaso" y lo llenes con tu perdón hasta rebosar".

"Papá, aunque yo no puedo perdonar lo que tú me has hecho, yo acepto el perdón de Cristo y tomo de este perdón con que El está llenando mi "vaso" y lo entrego a ti.

Papá, con el perdón de Cristo, yo te perdono todo lo que tú me has hecho. Perdóname a mí también cuando no me comporté bien".

De la misma manera Mercedes también perdonó a su madre. Solamente así pudo ser liberada del deseo de vengarse en otros por su pasado. El dolor era tan grande, que jamás podía producir sentimientos de perdón.

Tal vez alguien a ti te haya hecho un daño tan grande que no puedes perdonarlo.

LA PROTECCION

La tercera necesidad de cada niño es la de protección. Cada niño tiene que sentirse seguro y necesita tener a sus padres como un muro entre él y el mundo.

Muchas veces el niño, no sólo siente esa falta de protección, sino que los mismos padres inspiran temor a sus hijos con exclamaciones como: ¡Cuidado, la policía! ¡El coco te va a coger! ¡Si no te comportas bien el coco viene esta noche y te va a llevar! Ellos mismos infunden temor en su niño.

HANS

Jamás voy a olvidar a Hans, quien estaba preparándose para ser pastor. Vino a hablar conmigo porque era una persona muy dura con toda la gente. Aunque no lo quería, así era.

Hans nació en Noruega en el tiempo de la segunda guerra mundial. Aunque él no estuvo directamente en la guerra, eso lo afectaba; ya que su padre era un político. El padre había sido una persona muy perseguida, porque trabajaba en contra de los nazis. El tuvo que huir por mucho tiempo y no se sabía si estaba vivo o muerto.

Un día, la mamá invitó a los hijos a hacer un paseo en el campo. Salieron de la casa, pero de repente, Hans se encontró en un avión solo con sus tres hermanas. No sabían a dónde iban. La madre no los acompañó y él lloraba y lloraba. Sus tres hermanas estaban medio locas de temor, así que él se sobrepuso para tratar de cuidar de ellas.

Al aterrizar en Suiza, unas personas desconocidas los

internaron en un colegio. Allí tuvieron que aprender otro idioma. Después de un año, sus padres vinieron por ellos y los llevaron a vivir a España. Allí tuvieron que ir al colegio y aprender otro idioma.

En España pasaron un tiempo, hasta que el padre tuvo que salir otra vez. La madre y los niños tuvieron que regresar a su país por Alemania en tren. Por la ventana del tren, vieron muertos por doquier, las casa en llamas y la gente que huía, llenos de pánico; ellos no sabían si podrían llegar a su destino. Al llegar a su país, otra vez tuvieron que huir a España. Cuando la guerra terminó, el padre regresó a España.

Un día el padre dijo a Hans: "Vamos a los Estados Unidos. Tienes que usar tu propio nombre; tú no eres Hans, ese fue el nombre que te pusimos para esconderte. En realidad eres Felipe".

Al llegar a los Estados Unidos, Felipe se encontró en un colegio diferente y con un idioma distinto. Todo esto fue endureciendo a Felipe. El trató de hacerse norteamericano, pero a la vez falló en todos sus estudios. En todo le iba mal, aunque era un niño muy inteligente. Tal vez las cosas le impactaron aun más, debido a la agudeza de su inteligencia. Al fin, le pusieron en un colegio especial donde empezó a recuperarse. Luego pudo entrar a una universidad especial para su capacidad mental, pero no pudo actuar competentemente y tuvo que retirarse porque falló.

Todo siguió muy mal, hasta que un día se entregó al Señor Jesucristo. Cristo le perdonó todo lo pasado y empezó una vida nueva. Ahora estaba preparándose para el ministerio. Sin embargo, era demasiado duro con la gente. Todo tenía que marchar a la perfección, o los regañaba. El no sabía por qué era así.

Al venir para consejería y contarme su historia, le dije que él tenía que volver a sentir ese dolor. Por unas semanas no fue capaz, hasta que un día le pedimos a Dios que El mismo abriera la puerta del pasado, allá donde todo había sido reprimido.

Felipe volvió a la siguiente semana con una sonrisa en su rostro. Me contó que él estaba orando, cuando con sus ojos espirituales vio como Cristo le daba unas llaves. Felipe dijo: "Vi algo así como un calabozo con una puerta pesada. Abrí con una llave esta puerta y adentro vi un niño que lloraba. Sentí que era yo quien estaba allí y hablé con aquel niño pequeño en mi idioma natal, diciéndole: 'Cristo ha arreglado todos tus problemas. Ya puedes salir'. Entonces, el niño salió.

"Al lado había otra puerta gruesa. Fui hasta ella con otra llave y se abrió. Vi dentro a otro niño un poco más grande que lloraba. Le hablé en alemán, pues sabía que aquel niño en esa soledad y oscuridad era yo mismo. Le dije que podía salir, que todo estaba arreglado.

"Abrí otra puerta, y encontré otro niño, un poco más grande, que lloraba y temblaba de terror. Le dije en español: 'Ya puedes salir, Cristo ha arreglado todo'. El niño salió.

"Abrí la última puerta. Allí vi un joven a quien hablé en inglés, diciéndole que ya podía salir.

"¿Sabe? —me dijo Felipe—, me siento mucho mejor, pero tengo temor. Esos calabozos todavía están allí. ¿Qué tal que yo vuelva a entrar de nuevo?"

Le dije: "Vamos a orar otra vez; pidamos a Cristo que lleve esos calabozos sobre Sí mismo".

Pedí a Dios que abriera los ojos espirituales de Felipe para que él pudiera "ver" cómo Cristo estaba llevando esta situación sobre Sí mismo.

Felipe comentó: "Veo que los calabozos se volvieron cartón, se amontonaron y fueron echados al mar. Ahora veo un paisaje muy lindo de casas pequeñas, como en España. ¿Sabe? ese temor se ha ido". Cristo había cargado sobre Sí todo lo que había sucedido. A partir de entonces, Felipe empezó a cambiar el trato con los demás.

EL ELOGIO

Otra necesidad básica que todo niño tiene, es la de ser elogiado. El niño al nacer no sabe nada de sí mismo, pues ni siquiera entiende que existe. No sabe dónde termina su cuerpo, ni dónde empieza la cuna. Está allí; lindo, tierno, y aunque tiene ciertas capacidades, como chupar sus dedos y llorar, no comprende nada en cuanto a sí mismo.

Para mí fue muy interesante observar a nuestros niños cuando tenían unos meses. Se metían el dedo gordo del pie a la boca y al mordérselo gritaban como si alguien les hubiera hecho algo horrible. No sabían que ese dedo era parte de ellos.

Como el niño no entiende nada en cuanto a sí mismo, no sabe si es una persona que tiene valor o si es una persona que no merece nada. La única manera que tiene de saber algo en cuanto a sí mismo, es escuchando lo que en primer lugar la madre y el padre, y luego sus hermanos y compañeros dicen de él. Si con frecuencia le dicen que no vale nada, que no sirve para nada, que todo lo hace mal, el niño va a pensar que así es él. Va a sentir que no vale nada. Cuántas veces los padres exclaman: "¡Pero es que este niño no sirve para nada!"

Cuando vivíamos en Montería, visitábamos mucho a los miembros de la iglesia. Las madres nos presentaban a sus hijos diciéndonos, por ejemplo: "Esta es Blanca; me resultó muy buena, en cambio esa "negrita" no me sirve para nada".

Aquella madre estaba haciendo que la negrita sintiera que no servía para nada. Eso es lo que "la negrita" va a pensar de sí misma. Y Blanca va a saber que ella no tiene tanto valor como la mamá dice. Sabe dentro de sí que ella también a veces es boba y otras veces tampoco sirve para nada.

ELVIA

Elvia era una sicóloga que se había entregado al Señor Jesucristo en una iglesia de Popayán y nosotros queríamos que ella diera testimonio de lo que Cristo había hecho en su vida.

Ella siempre nos decía: "Pero ¿de qué voy a dar testimonio? Antes estaba contenta y ahora también. No vale la pena decir eso".

Al fin pensé que algo no funcionaba bien dentro de ella. Un mes más tarde un joven nos llamó a las 10:30 de la noche para pedirnos que fuéramos a la casa donde ella vivía con una amiga. Estaban haciéndoles una liberación y ya llevaban dos días. Fuimos a ver en que podíamos ayudar y allá nos dimos cuenta de que esas dos chicas vivían en una relación lesbiana.

Al día siguiente, nos volvieron a llamar para decirnos que habían pasado toda la noche despiertas. Finalmente llevamos a Elvia a nuestra casa. Ella no podía dormir, pues estaba llena de temores. Al fin le di una pastilla para calmarla y me quedé a su lado hasta que se durmió. A la mañana siguiente parecía que todo andaba bien y ella salió de la ciudad.

Después de unos tres meses, volvió y me dijo: "Yo voy a volver a mi vida anterior Esta nueva vida no vale nada".

Pasé casi tres horas tratando de convencerla de que no volviera a su vida anterior. Finalmente me di por vencida y le dije: "Tú puedes hacerlo, pero ¿sabes una cosa? Dios no va a andar detrás de ti. 'Hoy' —dice la Biblia— 'es el día de salvación'. Si tú te vas, no esperes que Dios vaya a sacarte de allí otra vez".

Me contestó: "Es que esta vida no tiene valor para mí y tú no puedes hacer nada para ayudarme porque tú eres una mujer. Eso que está en mí me dice que sólo un hombre puede ayudarme".

Casi me tenía convencida, cuando el Espíritu Santo me mostró la mentira. "Eso es una mentira —le dije—, delante de Dios hombres y mujeres tienen el mismo poder, pero quien va a echar eso fuera es Cristo, el hombre perfecto". Así, echamos fuera el demonio de lesbianismo, de odio y muchos otros más.

Entonces Elvia empezó a contarme su vida. Ella no sabía quién era su madre; no sabía si era su tía, quien siempre la entendía pero era soltera y por lo cual la había regalado a la mamá, o si la madre era la que decía que era su madre pero que no la amaba, por lo cual la había dado a la tía muchas veces para que la cuidara. Cada vez que quería hablar de esto a la mamá, ella se reía y no le contestaba.

"Sé que mi mamá no me amaba —dijo Elvia—, siempre me decía: 'Tú tienes la piel exactamente como la de tu abuela y yo odio a tu abuela. Tú no sirves para nada. Eres tan boba que no vas a servir para nada en la vida'".

47

La pusieron en un colegio muy bueno, tenían los medios económicos para hacerlo, pero siempre le decían que ella era boba, que ni siquiera iba a ser capaz de estudiar.

Elvia obtenía muy buenas notas, y las de su tercer año de escuela fueron excepcionales. Pensó que ahora sí su mamá iba a darse cuenta de que ella no era boba. Cogió la libreta de calificaciones y fue corriendo a la casa. La mamá estaba sentada en la sala cuando Elvia llegó con la libreta. "¡Mamá, mira mis notas! ¡No soy una boba!"

La mamá cogió la libreta, la miró y dijo: "¡Hm! Tú no has obtenido esas notas. ¡Tú eres demasiado boba para eso! Lo que pasa es que tú eres la favorita de la profesora y por eso ella te las regaló. Tu no eres capaz de lograr esas calificaciones".

Elvia terminó el bachillerato, entró a la universidad a estudiar sicología y también se graduó con buenas notas. Fue durante su tiempo de universidad que entabló amistad con esta chica.

Después de graduarse, trabajó como sicóloga en un colegio. Un día le enviaron una niña de once años que tenía amistad con otra niña no muy sana. Elvia me dijo: "¿Qué podía hacer, si yo estaba en la misma situación? Lo único que pude hacer fue decirle que tenía que aceptarse tal como era. Pues, si yo no tenía la respuesta para mí misma, ¿cómo podía ayudarla a ella?"

Pues bien, Elvia y yo oramos por su vida pasada. Cuando llegamos a la parte en donde ella entró a la sala y se acercó a su madre con las calificaciones le dije: "Vamos a pedir que Dios te abra los ojos espirituales, para que puedas ver a Cristo sentado en la sala de tu casa. No mires ahora a tu madre en la sala, sino a Cristo. ¿Puedes verlo con tus ojos espirituales?"

"Sí, lo veo en la sala", me contestó.

"Ahora —continué—, coge la libreta y ve corriendo, ya no a tu mamá, sino a Cristo, preséntale las notas, muéstraselas a El". De repente, Elvia empezó a llorar y a sollozar. Cuando se calmó le pregunté qué había pasado.

"Yo vi a Cristo allá sentado. Cogí la libreta de notas y fui corriendo a El. El me tomó sobre sus rodillas. Me abrazó y me dijo: 'Yo sí creo que estas notas son tuyas. Tú eres mi hija, estoy orgulloso de ti. Tu no eras boba'".

En ese momento Cristo llevó esa llaga de Elvia sobre Sí mismo. Oramos por el resto de su vida, pero yo sentí que en aquel momento algo especial había sucedido en su vida. Dios había sanado la raíz de su problema. Elvia había buscado una madre, y ese era el motivo por el cual había entablado tal relación.

Elvia actualmente se encuentra trabajando con universitarios, ayudándoles a encontrar la salud sicológica y espiritual que ella encontró en Cristo. Ahora, cuando le pedimos un testimonio, Elvia tiene uno para dar, sabe lo que Cristo ha hecho en su vida.

Todos éstos son ejemplos de personas que no satisficieron sus necesidades básicas en la niñez. Tales niños, cuando son adultos, sufren de sentimientos y complejos profundos de inseguridad, inferioridad, y muchos otros más.

Complejos de inferioridad

Todos nosotros tenemos complejos. Ellos son el producto de no haber recibido amor, perdón, protección o alabanza de una forma adecuada. Muchos tenemos complejos de inferioridad muy agudos. El complejo de inferioridad podríamos decir que es como un termómetro.

Grado de superioridad

```
                  + 5
                  + 4
                  + 3
                  + 2
                  + 1
          ――――――――――― O CRISTO
                  – 1
                  – 2
                  – 3   Nosotros
                  – 4
                  – 5
```

Grado de inferioridad

En la historia ha habido solamente una persona completamente equilibrada. El no se sintió inferior ni superior. Estaba en el punto cero del termómetro. Cristo fue la única persona en este mundo que pudo vivir en este punto. En Juan 8:14 dijo: "Yo sé de dónde he venido, yo sé a dónde voy". El era Dios, pero no se sentía superior. Fue clavado en la cruz, pero no se sintió inferior. Pudo enfrentarse con reyes, pero no se sintió tan superior que no quisiera hablar con la mujer de la calle. Nosotros nunca podremos llegar al grado a que El llegó. Pero esa debe ser nuestra meta. Nosotros siempre nos encontramos debajo de la línea cero; siempre nos sentimos inferiores a otras personas en algún grado.

Si tenemos sentimientos de inferioridad de dos grados en el termómetro, tenemos que compensar esa deficiencia haciendo cosas que nos hagan sentir en dos grados superiores a los demás; de lo contrario vamos al suicidio, no podemos vivir con esa descompensación. Por eso, tenemos que comportarnos en una forma de superioridad de dos grados. Si sentimos una inferioridad de cuatro grados, tenemos que llenarlos con una actitud de superioridad de cuatro grados, o no podríamos aguantar la deficiencia.

¿Cómo nos comportamos cuando tenemos sentimientos de inferioridad? ¿Cuáles son los mecanismos que usamos para defendernos de la descompensación? Los siguientes síntomas nos dan unas pautas:

AISLARSE

Recuerdo a Norma en el seminario. Nunca quería tener amistad con ninguna de las compañeras de estudio, pues decía: "Es que siempre me meten en problemas". Según Norma, ella no tenía problemas, eran las otras las que los tenían. Esto era el resultado de su complejo de inferioridad, pues se sentía demasiado inferior para tener compañerismo y por eso se aisló, digamos, a un tercer grado. Llenó estos tres grados con "no tener problemas con nadie", lo cual le dio un sentido de valor.

TRATAR DE LLAMAR LA ATENCION

Muchas veces queremos ser el centro de atención. Mientras todo gira a nuestro alrededor, sentimos que al menos tenemos algo de valor. Es por eso que tratamos de llamar la atención.

Pablo me dijo una vez: "¡Yo soy profesional! ¡Tanto como usted es profesional, así, también soy yo!" El tenía sentimientos de inferioridad muy agudos; a pesar de eso, él había logrado obtener un título universitario y con eso trató de obtener valor ante los demás. Así compensó su complejo de inferioridad con su carrera.

SENTIRSE DEMASIADO SUSCEPTIBLE

El que se siente inferior es demasiado susceptible; no resiste la crítica; mira a todo el mundo como si fuera superior a él. Cuando lo critican se siente aun más inferior; no puede aceptar la crítica.

También puede suceder que no acepta el halago. Pablo, el joven profesional, rechazaba toda clase de elogios. Un día le dije que yo valoraba algo que él había hecho. Me contestó: "No me diga eso, pues yo no soy amigo de las personas que me elogian. Yo quiero que me digan lo que está mal en mí".

Pablo decía eso porque él mismo se daba cuenta de que había algo que marchaba mal en él. Pensaba que el rechazar los halagos le hacía ganar valor, porque por lo menos tenía la capacidad de darse cuenta de que tenía problemas. No podía, por lo tanto, recibir tales halagos.

La persona con sentimientos de inferioridad busca recibir halagos todo el tiempo o los rechaza completamente. Cristo podía recibir halagos o críticas sin sentirse inferior, porque El sabía quién era y a dónde iba; no tenía ningún sentimiento de inferioridad, o de superioridad.

SER DEMASIADO POSESIVO

El que se siente inferior tiende a ser demasiado posesivo. Se le oye decir: "Esas son mis cosas. Que nadie me las toque". "Es mi amiga".

En este sentido, el comportamiento de las jóvenes de una iglesia me llamó la atención. Unas se sentían inferiores e inseguras. Si al llegar a la iglesia el domingo, descubrían que su mejor amiga entablaba relación con cualquier otra persona, este hecho era suficiente para motivarle a no continuar asistiendo a tal iglesia.

Decían: "Ella me quitó mi mejor amiga". Sentían que si tenían una amiga especial, tenían valor, pero lo perdían si alguien también tenía amistad con esta persona. Las jóvenes suplían su inferioridad con amigas especiales.

BUSCAR EL PERFECCIONISMO

Hay personas que "tienen que" hacer todo perfecto. Si no lo hacen así, se sienten sin valor. Si no pueden alcanzar el 100% de perfección, sienten que ya no valen nada. Si tienen cinco grados de inferioridad, los tienen que compensar con cinco grados de perfeccionismo. Otras personas que tienen a penas un grado de inferioridad, puedan tolerar cometer algunos errores, sin descompensarse.

Gloria (quien creyó que nosotros eramos sus padres) al visitarnos para tomar un café, tenía que dejar cada taza en su lugar antes de salir de nuestra casa. Sentía que solamente de esta manera ella valía algo.

CRITICAR A OTROS

Los que se sienten inferiores critican demasiado a los demás. Dicen: "El no sabe nada. Mire lo que ha hecho. ¿Cómo puede ser tan bobo para hacer eso"? Si alguien se siente inferior a otra persona pero ve que aún es capaz de notar las faltas de los demás, siente que por lo menos vale un poco.

De otro lado, cuando esta persona pasa cerca de un grupo y oye que están hablando en voz baja, lo primero que piensa es: "Están hablando mal de mí". Nunca se le ocurre pensar que ellas podrían estar planeando celebrar su cumpleaños. Está seguro de que siempre están hablando mal de él.

PROYECTARSE

Ello ocurre cuando vemos en otras personas lo que no nos gusta de nosotros mismos o tememos que existe en nosotros. Decimos: "Mira cuán orgulloso es él". ¿Tememos quizá ser orgullosos?

En una de mis clases de sicología pedí a los alumnos que escribieran algo referente a aquello que más les molestaba de ellos mismos. Todos, menos uno, hicieron el trabajo más o menos como debían. Sin embargo, uno de ellos me escribió: "Lo que más me molesta es que no encuentro ninguna persona espiritual en ninguna parte. El pastor de nuestra iglesia no es espiritual. En mi iglesia no hay nadie que sea espiritual. Pensé que al llegar al seminario iba a encontrar profesores muy espirituales, y estudiantes preparándose para el ministerio, también muy espirituales. Cuán grande fue mi sorpresa al llegar aquí y no encontrar ninguna persona espiritual. Ni los profesores, ni los estudiantes son espirituales; aquí no hay una sola persona que sea espiritual".

Yo lo llamé a mi oficina y le pregunté si sería que él no se sentía espiritual. Agachó la cabeza y respondió que así era. Me comentó que cuando él tenía ocho años, le tocó dormir en la misma cama con una prima. No hizo nada, pero tuvo malos pensamientos y siempre sentía que por haberlos tenido no valía nada. ¿Cómo podía entonces ser una persona espiritual habiendo tenido esa clase de pensamientos?

Oramos por aquellos pensamientos y los echamos sobre Cristo. De repente, la gente alrededor de él parecía más espiritual. Su concepto acerca de la espiritualidad de sus profesores, sus compañeros y aun de sí mismo cambió radicalmente a partir de entonces.

Nosotros vemos en los demás lo que tememos que hay en nosotros. Si sentimos o tememos que existe un defecto de segundo grado en nosotros, vemos en los demás una deficiencia de las mismas proporciones, lo cual nos permite establecer el equilibrio entre ellos y nosotros.

TRATAR DE COMPENSAR

El que siente que no vale nada tiene que compensar su insuficiencia en alguna forma. Siempre me interesaba observar a los estudiantes cuando llegaban al seminario. Estaban fuera de su propio ambiente, se encontraban en un ambiente nuevo y desconocido, los muros de protección que antes tenían a su alrededor habían desaparecido; se sentían como desnudos, ninguno de ellos sabía exactamente cómo comportarse. En esta situación, cada uno compensaba su deficiencia a su propia manera.

Había un joven de estatura baja que caminaba dando pasos muy fuertes, de manera que sonaran sus pisadas como si fuera un hombre muy alto y de pisadas muy fuertes. Siempre molestaba a nuestra pequeña perra y se acercaba a las jóvenes, asustándolas para hacerlas gritar.

Un día le pregunté: "¿Por qué molestas a los animales pequeños y a las chicas? ¿Por qué no molestas a un joven que sea de tu misma estatura o más grande? ¿Es que te sientes más hombre cuando haces gritar a las chicas?"

"No, no —dijo él—, no es eso. Es solamente que me gusta oírlas chillar".

Este joven tenía un sentimiento de inferioridad muy grave y quería compensar su estatura molestando a las jovencitas y a los animales pequeños. Cuando buscamos compensar nuestros sentimientos de inferioridad, nunca chocamos con otras personas que sean de nuestra misma estatura, o que parezcan un poco más grandes o fuertes, porque ellas nos hacen sentir aun más bajos. Siempre hacemos algo para sentirnos más importantes.

¿En qué basas tu sentido de valor? ¿En ser perfeccionista? ¿En ver que los que están a tu alrededor son peores que tú? Hay sólo una fuente de donde debe venir aquello que realmente te da valor. Tú has sido hecho a imagen de Dios; solamente esto nos da valor y nos hace libres de sentimientos de inferioridad, no aquello que hayamos hecho en nuestras propias capacidades.

Cuando poseemos falsos sentimientos acerca de lo que somos, lo único que nos libra de ellos es decir la verdad. La Biblia dice: "Conoceréis la verdad y la verdad os hará libres" (Juan 8:32). Si nosotros decimos la verdad en cuanto a lo que creemos que somos o lo que hemos hecho, Cristo lo lleva en la cruz y quedamos libres. No tenemos nada que esconder. Si piensas que no vales nada, di: "Señor, siento que no valgo nada. Toma tú estos sentimientos, los echo todos sobre ti".

No tenemos que aparentar que todo está andando bien en nosotros si hay algo que no lo está. Tal vez tu madre no te amaba, o tal vez no era capaz de expresarte amor. Decir eso no es culpar a nuestros padres. Al fin y al cabo, nuestros padres fueron víctimas de las heridas que les causaron sus propios padres y aquellos de las heridas que les causaron los padres de ellos y así sucesivamente.

Más aun, si nosotros no reconocemos la verdad en cuanto a nuestras heridas y no las llevamos a Cristo para ser sanados, vamos a herir a nuestros hijos de la misma manera. No podemos actuar de otra forma, porque sencillamente no podemos ser aquello que no somos.

Ahora toma un papel y haz una lista de todo aquello que recuerdas del pasado que te haya causado dolor. ¿Cómo eran tus padres? ¿Qué te decían? No escribas lo que tú crees que tus padres pensaban de la situación, sino aquello que tú sentías. ¿Cuáles eran tus sentimientos cuando te decían que no servías para nada? ¿Qué sentías cuando te comparaban con otra persona, tal vez con tu hermano, cuando interiormente tú sabías que él tampoco servía para nada? ¿Te castigaron injustamente y tuviste que callar? ¿Qué sentiste en ese momento? O tal vez tus padres te elogiaban tanto que nunca aceptaron que tú te equivocaras, mientras que tú sabías que jamás podrías llegar a la meta que ellos te habían impuesto. Tienes que ser sincero con Dios y contigo mismo al hacer este balance. Recuerda decir la verdad porque sólo "la verdad os hará libres".

5

Sanidad de la identidad

¿Quién eres tú? ¿Te has aceptado a ti mismo? O ¿todavía estás enojado contigo mismo y te rechazas?

Una jovencita me dijo: "Pero ¿cómo puedo amarme con mis piernas tan flacas y mis dedos tan torcidos?"

Cada persona tiene algo de sí misma que no le gusta. Recuerdo muy bien el día en que tuve que aceptar mis pecas. Pensaba que eran feísimas, pues quería tener la piel trigueña, no tan clara como la tenía, y sin aquellas pecas. Mi cabello que me parecía de color ratón, también me era inaceptable. Recuerdo el día cuando tuve que reconocer que Dios me había hecho como era y para El ese modelo era hermoso.

¿Te has aceptado como Dios te ha hecho? O ¿todavía te odias? ¿Qué es lo que no te gusta de ti misma? ¿Es demasiado larga tu nariz, o flacas tus piernas, o torcidos tus dedos? ¿Qué es lo que estás rechazando de ti misma?

FABIO
Fabio era hijo de un médico; tenía dos hermanos y dos hermanas mayores. Su padre, a pesar de su profesión, llegaba a la casa borracho cada noche. Lo primero que Fabio podía recordar de la vida, era las veces que la mamá los despertó a media noche para meterlos debajo de la cama porque el papá venía. Pudo oír a su mamá gritar porque su

papá le pegaba con una correa y luego golpeaba con la misma correa la cama donde ellos momentos antes dormían. Unos años después, el papá mejoró un poco. Posteriormente, los cuatro hermanos se casaron y todos fracasaron en sus matrimonios.

Conocimos a Fabio por medio de Flor, una linda chica que había sido su novia durante cinco años. Les aconsejamos que debían casarse porque nadie les iba a creer que fueran novios solamente después de cinco años de noviazgo, pero ellos no tenían interés en casarse. Un tiempo después vinieron nuevamente a la casa para hablar con nosotros. "Yo amo a Flor demasiado como para casarme con ella", dijo Fabio. "Yo sé que si nosotros nos casamos, el matrimonio va a fracasar. Nuestra amistad es tan linda que yo no quiero que nada la empañe. Yo no puedo casarme con mi novia".

Oramos por su vida pasada, pidiendo a Cristo que entrara a la alcoba donde su papá tanto había golpeado a su mamá. Pedimos que Cristo sanara sus ojos de lo que habían visto y sus oídos de lo que habían oído; que El llevara sobre sí mismo todo lo que había ocurrido allí. Después de este proceso maravilloso Fabio y Flor hicieron planes para casarse.

FLOR

Dos semanas antes del matrimonio, me llamó la novia llorando. Quería hablar conmigo. "Yo he orado por mi problema y no sé qué hacer. Es que soy tan celosa. Cuando Fabio llega cinco minutos tarde a la casa, lo único que yo puedo pensar es: ¿Dónde estaría?, ¿con quién estaría hablando?, ¿con cuál novia estaría saliendo? He ayunado, he orado y nada mejora. Todo sigue lo mismo. Yo no puedo casarme siendo tan celosa".

Me quedé atónita, porque le conocía y me parecía que ella estaba lista para casarse. Lo único que yo podía hacer era pedir a Dios que me diera la clave del problema que ella estaba enfrentando.

Mientras me contaba todo eso, de repente, algo me llamó la atención. Le pregunté: "¿No sería que cuando tú eras niña te comparaban en forma negativa con otras personas?"

Ella agachó la cabeza y empezó a llorar de nuevo. Me contó que tenía dos hermanas mayores y que muchas veces andando juntas por la calle, ellas le dijeron: "Mira esa mujer, ¿ves su nariz? Así es la tuya. Tú eres la persona más fea del mundo. ¿Ves cómo anda aquella? Así andas tú. Así eres tú".

Le contaron que cuando nació y los vecinos vinieron a verla, Flor era tan fea que les dio pena mostrarla como su nueva hermanita, por lo cual la escondieron en otra pieza. "Tú eres la persona más fea que hayamos visto", le dijeron. Flor en realidad era una joven muy linda, pero no se sentía así.

"¿No será que siempre te has sentido tan fea que jamás puedes creer que un joven te sea fiel? ¿Sientes que cualquier otra jovencita te lo puede quitar?" —le pregunté.

De nuevo agachó la cabeza y empezó a llorar. "Eso es exactamente lo que he sentido" —contestó.

Le pedí entonces a Flor que recordara todas las veces que alguien había dicho algo negativo en cuanto a ella. Juntas repasamos su vida con Cristo.

"Recuerda la mujer de la nariz fea. Pon a Cristo en medio de ti, tus hermanas mayores y esa mujer. Cuéntale a El lo que te dijeron. Mira cómo toda la escena cae sobre El. Mira cómo todas las palabras caen sobre El. Ahora mira a la mujer que camina tan feo y a la nena que escondían por ser tan fea. Echa también esas imágenes sobre Cristo".

En cada escena pedimos a Cristo que interviniera. Yo le pedí que El sanara las heridas. Oré por sus oídos y sus ojos, que habían oído y visto todo eso.

Quince días más tarde, Fabio y Flor se casaron. Un año después, Flor me invitó a hablar con un grupo de damas sobre sanidad interior. Yo quería usar la ilustración de Flor, y le pedí permiso para hacerlo, porque ella estaba en la reunión. Después me dijo: "¿Sabes algo? Desde que nos casamos no hemos tenido ni siquiera una pelea".

Ahora, años después, ellos tienen dos hijos y uno de los mejores y más lindos matrimonios que yo conozco. Hace un año Flor me pidió que hablara a otro grupo de damas. Conté la historia de ellos otra vez, y ella me dijo después, que ya no recordaba cómo se había sentido hasta que oyó contar la historia de nuevo. Cristo le había sanado en una forma tan plena que lo había olvidado.

Permíteme preguntarte algo: ¿A ti que te decían? Te comparaban negativamente con otros? Te han dicho: "Juan sí es bueno, pero tu no sirves para nada. ¿Ves que bonita es fulana de tal? Pero tú... ¿Cómo te comparaban con los demás?

EL AUTOPERDON

¿Qué has hecho tú que nunca te hayas perdonado? Helena me contó de un aborto que le habían practicado años atrás. Cuando le pregunté si Dios la había perdonado me aseguró que sí.

"¿Estás segura de que Dios te ha perdonado?" —le insistí.

"Sí, me ha perdonado porque yo se lo confesé y El ha prometido perdonarme. Creo que me ha perdonado".

"¿Y tú te has perdonado?"

"¡Ay, no! —gritó—. ¿Cómo puedo yo perdonarme algo como lo que hice?"

"Dime una cosa: ¿tú eres más santa que Dios?"

"No" —me contestó sorprendida.

"Acaso no estás diciendo: ¡Dios tú puedes perdonarme a mí y yo acepto tu perdón. Pero yo soy más santa que tú, por lo tanto no puedo perdonarme a mi misma! ¿No es eso lo que estás haciendo? Porque tú aceptas el perdón de Dios, pero no te perdonas a ti misma".

Al darse cuenta de lo que estaba haciendo, Helena se perdonó a sí misma con el perdón con que Cristo le había perdonado a ella.

En esa lista que hiciste en el capítulo anterior has anotado todas las cosas dolorosas que te han hecho tu madre, tu padre, tus tíos, tus abuelos, tus vecinos, tus compañeros de colegio o cualquier otra persona. Ahora agrega a la lista todo lo que tú has hecho, que nunca te has perdonado.

También escribe todo lo que rechazas en cuanto a tu

cuerpo y tu personalidad. Escribe la verdad; recuerda que "la verdad os hará libres", es la promesa del Señor. Di la verdad; no digas lo que tú piensas que debes decir, ni tampoco lo que tú sabes que debes pensar. Di lo que de veras está en tu corazón.

LA AUTOACEPTACION

En mi familia había tres mujeres y un varón cuando mi hermano mellizo y yo nacimos. Mi hermano mayor, que tenía cuatro años y medio, quería un hermano varón, pero mi hermanito mellizo, quien nació después de mí, murió.

Mi hermana mayor me contó que al día siguiente a nuestro nacimiento y antes de enterrar a mi hermanito, nos pusieron frente a frente. Al venir mi hermano a mirarnos, trató de abrir los ojos de su hermanito, y ante la imposibilidad de conseguirlo, exclamó "¡No, no! ¡que se muera la niña! Yo no quiero otra hermana. Yo quiero a mi hermanito. ¡Que se muera la niña y viva mi hermano!"

La situación se empeoró porque yo era una niña un tanto precoz. En cualquier grupo que estuviera, siempre era la primera en levantar la mano cuando hacían una pregunta. Siempre estaba en primera fila "metiéndome" en todo. Mi mamá, en nuestro dialecto alemán, siempre me decía: "Sei net so vorwitzig" (No te metas por delante en esa forma). Pero siempre se me olvidaba y continuaba haciéndolo.

De alguna manera, en mi mente de niña, llegué a relacionar mi forma de ser con el hecho de que yo había nacido primero que mi hermano mellizo. Había llegado a la conclusión de que, cuando mi hermano y yo nacimos, yo me había "metido por delante" y había causado su muerte. Yo tuve la culpa de su muerte —me decía—, porque si yo no me hubiera "metido por delante", él hubiera vivido, yo hubiera muerto y mi hermano mayor hubiera tenido el hermanito que él tanto quería. Yo era la culpable de todo. Mi hermano es mecánico, y como no tenía un hermano para enseñarle su oficio, me lo enseñó a mí. Por años y años yo traté de ser un hombre.

Cuando tenía tres años y medio de edad, le entregué mi vida al Señor Jesucristo, pero a pesar de ello, me sentía muy culpable. Durante mi adolescencia me sentía inferior a todos, y no tenía amistad con personas del sexo opuesto. Cada vez que alguien se me acercaba le decía algo bien feo para que se fuera. Aun cuando yo no quería hacerlo, así sucedía.

Yo no sabía lo que me pasaba hasta cuando estudié enfermería y empecé el curso de siquiatría. Al fin entendí que yo creía que había matado a mi hermano. En mi subconsciente tenía toda la culpa de su muerte. Temía matar a cualquier hombre que se me acercara. Al fin y al cabo, el primer novio que tuve murió en un accidente. ¡Yo era una persona peligrosa!

No fue hasta cuando cumplí 23 años, que pude llevar esos sentimientos al Señor y ser liberada de esa culpa. Entonces me di cuenta de que Dios tenía un plan para mi vida como mujer, un plan que ningún hombre hubiera podido realizar, y ni siquiera yo misma si hubiese sido hombre. Por eso El me hizo mujer, quería que yo fuera mujer, y me había permitido vivir. El tenía otro plan para mi hermano mellizo.

No sé de qué sexo era el niño que esperaban tus padres cuando naciste. Tal vez tú pienses que debiste ser hombre, pero eres mujer, o ser mujer, pero Dios te hizo hombre. ¿Alguna vez te has aceptado como eres, como Dios te ha hecho? ¿Has aceptado tu sexo? O ¿rechazas lo que Dios ha hecho? Di la verdad. Si es así, escríbelo en la lista.

Piensa también, ¿cómo fuiste tratada, o qué te dijeron en cuanto a las mujeres, para hacerte sentir que deberías ser hombre? O, ¿qué es lo que te han dicho en cuanto a ser hombre para que tú sientas que deberías ser mujer? Apunta en la lista aun las frases concretas que puedas recordar.

Nosotros no podemos volver al pasado para cambiarlo. Yo no podía retroceder años atrás, morir y revivir a mi hermano. No podía retroceder para borrar lo que dijeron. Pero Cristo Sí podía. El no me hizo morir y resucitó a mi hermano, pero sí cargó sobre Sí el dolor de aquellas frases que yo oí y también cargará las frases que quizás tu has oído. El cargó sobre sí esos sentimientos de culpa que yo tuve, y me libró. Ahora estoy muy satisfecha de ser mujer. Estoy felizmente casada y soy madre de dos jóvenes.

TU CONCEPCION

Puede ser que tú seas el resultado de un pecado. José era un joven que estaba preparándose para el ministerio en el seminario. Nació cuando la mamá era soltera y tenía 18 años. Ella lo abandonó cuando tenía dos semanas, dejándolo con los abuelos. Para ellos, José no fue más que otra boca que alimentar. Comía demasiado y les gastaba demasiado en ropa. El siempre sentía que no tenía derecho a vivir porque era el resultado de un pecado. Sentía que no estaba en el plan de Dios el que él existiera.

Cuando José predicaba, tenía que vestirse con un traje de tres piezas. No tenía mucho dinero, pero siempre tenía que estar vestido lo más elegantemente posible, pues de lo contrario, no tenía valor para pararse frente a la gente. Estaba compensando su inferioridad con la ropa que vestía.

Después de hablar yo en el seminario sobre sanidad interior, José vino a orar por su pasado. Al empezar la oración, sentí de una manera muy clara que debía orar por el momento de su concepción. Sí, su vida había empezado como el producto de un pecado, no podemos negarlo. Pero a su vez, ¿no es acaso Dios, el que tiene control sobre todo? ¿No es Dios el que cuida tanto la vida que va a surgir, como también aquella que no va a continuar? Al fin y al cabo Dios permitió que la vida de José surgiera, librándolo de un aborto. También lo cuidó de que no muriera al nacer; lo mismo que durante toda su vida para que no le pasara nada grave. Dios tenía un plan para él. Desde luego, el plan no era que naciera dentro de las condiciones en que ocurrió; ellas fueron las consecuencias del pecado de sus padres, pero él era el resultado del plan de Dios.

Oré de una manera muy especial, para que Cristo cargara sobre Sí el pecado de cómo fue concebido José. Después que terminamos de orar, él exclamó: "Por primera vez entiendo que si Dios no hubiera querido que yo existiera, me hubiera llevado en un aborto involuntario o sencillamente yo no hubiera tenido un principio. Reconozco que yo estoy aquí porque Dios tenía un plan para mi vida".

Dios también tiene un plan para tu vida. ¿Cómo fue

tu principio? ¿Has sentido alguna vez que no tienes derecho a vivir? Di la verdad y agrégala a tu lista.

SANIDAD DE LA SEXUALIDAD

Muchas personas necesitan sanidad en cuanto a su sexualidad. ¡Cuántas mujeres han sido violadas siendo niñas y después sienten que no valen nada! ¡Cuántos jovencitos fueron llevados a una casa de citas por su propio padre y tienen pésimos conceptos del sexo, pues piensan que la mujer es un objeto para conquistar y usar, y nada más! ¡Cuántos hombres fueron víctimas, cuando niños, de actos homosexuales! Como consecuencia de todo ello, su concepto acerca de la relación sexual es totalmente distorsionado. Cristo también vino para cargar todas estos traumas en la cruz.

MARIA

María, estudiante universitaria, se había entregado al Señor seis meses antes de yo conocerla, pero no tenía paz en su vida. Un amigo de ella me pidió que le hablara. Cuando esta joven llegó a la puerta de mi oficina, la vi tan pálida, con la cara tan torcida, tenía una apariencia tan horrible, que me pregunté qué le habría ocurrido.

María estaba llena de odio hacia su papá. El había abusado sexualmente de ella desde que tenía tres años. Cuando la mamá la mandaba a la alcoba del papá por la mañana con el café, el papá siempre cerraba la puerta y abusaba de ella. Cuando ella cumplió los 11 años él no volvió a molestarla, pero luego el abuelo, un tío y dos hermanos abusaban de ella. Para vengarse de su papá, se juntó con su novio y luego con un segundo novio. Con el tercero tuvo un aborto y ahora vivía con el cuarto.

María se sentía muy enojada con todos, quería matar a su papá y suicidarse. También estaba enojada con la mamá porque trató de contarle lo que pasaba pero en lugar de entenderla, la regañó diciéndole que tenía la mente tan sucia que aun se imaginaba todo lo que le había contado. ¡Estaba furiosa con todo el mundo!

Media hora estuvo en mi oficina contándome todo lo

horrible que le había pasado. ¿Qué podía decirle a María? Simplemente que ella tenía razón de sentirse así. Tenía razón de odiar a su papá; tenía razón de odiar a su abuelo, a sus hermanos, a su tío y a sus vecinos que sospechaban lo que pasaba y murmuraban de ella. El papá siempre la llamaba prostituta y no le permitía salir de la casa, le decía que ella era una mujer de mala vida.

Yo le dije: "Tú tienes razón. Quieres matar a tu papá, quieres suicidarte. Tienes razón. ¡Saca todo ese odio, todo ese enojo, todo lo que sientas!"

Por media hora, lo único que yo podía hacer, era ayudarla a sacar todo ese odio. Yo sentía que aun el aire estaba tan lleno de suciedad y odio que casi podía cortarlo.

Al fin, cuando ella se calmó un poco, le dije: "María, tú te has entregado al Señor Jesucristo, ¿no es cierto?"

"Sí".

"Voy a pedir que Dios abra tus ojos espirituales, para que puedas ver que Cristo está aquí a nuestro lado. ¿Puedes verlo con tus ojos espirituales?"

"Sí, está aquí, puedo verlo" —contestó María.

"Ahora vamos a hacer algo —le dije—. Pidamos a Cristo que te abra un costal espiritual y echemos adentro todo lo que ha hecho tu papá, todo lo que tú me has contado, cosa por cosa, vamos a meter todo en este costal. ¿Está todo adentro?"

"Sí".

Yo oré: "Cristo, en tu nombre cerramos este costal. Cúbrelo con tu sangre y séllalo con tu mano, para que nunca más pueda ser abierto". "María, ¿puedes tú ver este bulto?"

"Sí, lo veo".

"Ahora, tú y yo, juntas, tiramos este bulto sobre los hombros de Cristo. ¿Ves a Cristo con ese bulto sobre sus hombros clavado en la cruz?"

"Sí, yo puedo verlo".

"Cristo pagó el precio por lo que te hizo tu papá. Mira como este bulto cae al infierno, de donde vino, y desaparece.

"Ahora —le dije—, no trates de perdonar a tu papá. Tu papá nunca te dio perdón. Tú no puedes perdonarlo porque en tu "vaso" no hay ningún perdón para darle. Di la verdad: ¡Yo no puedo perdonarte, papá, todo lo que me has hecho!"

"Papá, jamás podré perdonarte por lo que me has hecho" —oró María.

Yo continué: "Ahora, mira los ojos de Cristo. El viene, y ha resucitado, lleno de amor por ti. Mira cómo fluye perdón de El. Acógete a este perdón y recibe ese amor de Cristo. ¿Estás ahora mismo experimentándolo?"

"Sí, El está derramándolo en mí".

"Ahora, di la verdad a la memoria de tu papá. Di: ¡Papá, yo no puedo perdonar lo que tú has hecho; yo solamente puedo odiarte! Pero yo he echado todo eso sobre Cristo. El llevó mi odio, mi dolor y mi humillación en la cruz. El está derramando su amor y perdón en mí. Ahora, yo tomo este perdón que Cristo está poniendo en mi "vaso" y lo entrego a ti, papá. Con este perdón yo te perdono". Así, María perdonó a su padre.

María iría a visitar a su familia ese fin de semana y tendría que verse con su padre. No sabía qué haría al verlo. Ella estaba muy temerosa de la forma como reaccionaría al estar frente a él.

"No trates de amar a tu papá —le dije. "Tu papá nunca ha llenado tu "vaso" con amor y por eso tú no tienes amor para darle a él. No trates de "amasar" tus sentimientos hasta que tú creas que sientes amor. Solamente di la verdad. Di respecto a él: ¡Papá, yo no puedo amarte. Pero yo me acojo a Cristo para que El ponga sus sentimientos en mí y yo pueda sentir amor por medio de El!" María, sin embargo, seguía teniendo temor de volverle a ver.

"Mira, María, el problema ya es de Cristo. Si El te da amor hacia tu papá, está bien, siéntelo. Si no te da nada para sentir hacia tu papá, no sientas nada. Si te da indiferencia, siente indiferencia. No importa, el problema ya es de El. Tú le has entregado todo a El, y lo que tú sientas de ahora en adelante es cosa de El. No te preocupes, ve a tu casa con toda confianza, que lo que tú debas sentir por tu papá, en su momento, Cristo lo va a poner en ti".

María salió casi temblando. Quince días más tarde volvió. Cuando llegó a la oficina, por poco no la reconozco. La cara le había cambiado tanto, que me costó tiempo identificarla. Ella me dijo: "Yo no puedo decir que amo a mi papá, pero por primera vez en mi vida lo traté como una persona y no como un animal".

Ahora teníamos que tratar las heridas que María había sufrido de parte de su mamá. Hicimos un bulto de todo lo que la mamá le había hecho, así como lo hicimos con el papá. Luego hicimos lo mismo con los hermanos, los vecinos y los compañeros del colegio que la habían marginado porque se dieron cuenta de que algo no marchaba bien en ella. Cada vez veíamos cómo Cristo llevaba el bulto en la cruz.

Cuando ella no podía perdonar a alguien decía la verdad: "Yo no puedo perdonarle; de veras no puedo. Cristo, me acojo a ti; yo acepto tu perdón y lo extiendo a ellos". Siguió así a través de su vida, perdonando a todos con el perdón de Cristo.

Nunca le dije a ella que debía hablar con su papá. Sin embargo, seis meses después María vino y me dijo: "¿Sabes algo? Hablé con mi papá la semana pasada. Antes, lo trataba como un animal, y esta vez le pedí que me perdonara por la manera como lo había tratado. Mi papá me miró y me dijo: María, perdóname tu a mí por lo que te he hecho".

Luego el padre le dijo: "María, ¡tú has cambiado tanto! ¿Qué es lo que te ha pasado?".

"Cristo entró en mi vida y me cambió" —dijo María.

"¿Cómo puede entrar Cristo en mi vida y cambiarme a mí?" —preguntó el papá.

Ella no supo qué contestar y vino a preguntar lo que debía decirle a su papá. Volvió para decírselo, pero él había abandonado la casa el día anterior. Todavía estamos orando para que este padre algún día se encuentre con el Señor Jesucristo.

Un año después que María nos visitó por primera vez, nosotros nos disponíamos a salir de Colombia por un año. Estaba ya todo empacado, cuando llegó María y se sentó en la única silla que nos quedaba. Me dijo: "Yo vine solamente a decirte, que soy una mujer ciento por ciento cambiada. La mujer que tú ves aquí no es la misma de hace un año".

Nos invitó a su bautismo, pues iba a bautizarse junto a su cuñada y sus dos sobrinos, a quienes ella había ganado para el Señor. Cuando vi a María lista para bautizarse, con la cara radiante, llena de gozo, recordé a la niña que había venido a mi oficina con la cara pálida, torcida, llena de amargura y de odio por todo el mundo, y pensé: "Este es el más grande milagro que yo haya visto. Si Dios pudo sanar a esta señorita, puede sanar a cualquier persona".

EL NIÑO NO DESEADO

Tal vez tú fuiste un niño no deseado. Tal vez había ocho hijos y no querían nueve, o tal vez, sencillamente no te brindaban el amor que tú necesitabas.

KARIN

Karin vino de Alemania a pasar una semana con nosotros, con el único propósito de hablar de su vida pasada. Los padres de ella habían proyectado tener dos hijos. Ya tenían su pareja y no querían otro. Karin fue la tercera. Luego nació también otro varón. Karin nació poco antes de la segunda guerra mundial.

Mientras el padre estaba en la guerra, la mamá con los cuatro hijos tuvo que huir de su casa varias veces. Una vez cuando estaban huyendo, el hermano menor y la hermana mayor se enfermaron. Ya estaba cerca el fin de la guerra y no había muchas medicinas. La mamá los llevó al médico, quien le dijo que tenía medicamento para sólo un niño. Si lo dividía entre los dos, ambos morirían, pues era una enfermedad mortal. El médico le dijo: "Usted tiene que escoger a cuál niño va a dejar morir".

Finalmente, la mamá escogió darle la medicina a la hermana de Karin. El hermano murió y la mamá nunca pudo perdonarse a sí misma por su muerte. Entonces las dos hijas tuvieron que darle todo al hermano mayor. Tuvieron que renunciar a su propia educación y aun llegar a trabajar para que su hermano pudiera estudiar.

70

Parece que todo el sentimiento de culpa que la mamá sentía por haber dejado morir al otro varón, lo trataba de aliviar dando todo al único hijo varón que le quedó. Las hijas ya no le importaban, especialmente Karin, "la extra".

A Karin siempre le decía: "¡Tú no sirves para nada! ¡Tú no puedes hacer nada bien!" De pequeña la hacía pelar papas y cuando las cáscaras quedaban demasiado gruesas, como castigo, la hacía cocinarlas sin sal y comérselas. Le decía que todo lo que llegaba a sus manos ella lo dañaba.

Cuando tenía ocho años, Karin se fue de la casa. Pensó que haciéndolo alguien se preocuparía por ella y vendría a buscarla. Pero nadie la buscó. Entonces, no teniendo a donde ir, tuvo que volver a casa. Nadie prestó atención al hecho de que no hubiera estado en casa por tanto tiempo.

Para un cumpleaños de Karin, la mamá estaba en el hospital y los niños se quedaron solos con el padre. Karin pensó: "Hoy cumplo años y mi mamá, que no me ama, está en el hospital. Seguramente papá me va a comprar muchos regalos".

Como el padre era maestro de colegio, Karin pensó que él amaba tanto a los niños que seguramente le iba a hacer una fiesta. Pero a él se le olvidó completamente y Karin nunca tuvo fiesta de cumpleaños. En Alemania todo el mundo tiene fiesta de cumpleaños. El cumpleaños es casi tan importante como la navidad, pero al papá de Karin se le olvidó hacerle su fiesta. Ella trató de hablar con el papá sobre cómo se sentía, pero él no le prestó atención; porque sólo tenía tiempo para los niños del colegio. El estaba siempre muy ocupado como para dedicarle tiempo a su hija.

Cuando Karin me contó del papá, le dije: "Dile a la memoria de tu papá: ¡Papá, cuando tú no me prestaste atención, me dolió!"

Pero el dolor de Karin fue tan agudo que ni siguiera podía sacar las palabras de su boca y se lamentó diciendo: "Yo hablé con mi papá tantas veces que yo sé que él no va a escucharme esta vez".

"Dilo a Cristo, pues El sí te va a atender" —le dije.

"Sí; tal vez El me atienda".

"Dile a Cristo exactamente lo que te han hecho. Entrégale a Cristo eso. Te han castigado cruelmente muchas veces. Entrégale también a El esa crueldad".

Karin empezó a decir lentamente: "Cristo, me han pegado mucho, me han dicho que yo no valgo nada. Ahora voy a decirte que tú tampoco me importas y yo voy a pegarte también a ti como a mí me pegaban. Yo te pego como ellos lo hicieron conmigo".

Karin empezó a golpear el piso y a gritar: "Cristo, como me odiaron a mí, yo te odio. Me dijeron que yo tenía que ser buena, y ¡no quiero ser buena! ¡Yo voy a ser mala! Cristo, yo voy a irme lejos de ti. Mírame, ya me voy. Nadie me buscó a mi. ¡Ahora me voy lejos de ti, Cristo!"

Karin siguió llorando y gritando. Toda esta agonía que estaba dentro de ella por mucho años ahora estaba saliendo. La experiencia era tan horrible, que si ella hubiera sido la primera persona que Dios me hubiera enviado para ayudarle a encontrar sanidad sicológica, seguramente que yo hubiera salido corriendo.

Karin gritó y lloró por media hora, hasta que de repente se calmó y dijo: "Cristo, yo te he hecho a ti exactamente lo que me han hecho a mí y tú no te has ido de mi lado. ¿Acaso no hay nada que yo pueda hacer tan horrible que te haga ir lejos de mí? ¿Qué te haría abandonarme?"

De repente, se puso a llorar, diciendo: "Cristo, tú has tomado todo lo que yo te he dado. Te veo parado frente a mí, con tus ojos llenos de amor. ¡Cristo, por primera vez en mi vida siento que tú me amas!" Desde ese día, la vida de Karin empezó a cambiar.

Tal vez a ti tampoco te querían o fuiste un hijo no deseado. O ¿por qué es que te sientes así como te sientes? Di la verdad. Recuerda que la Biblia dice que la verdad nos hará libres.

6

Obstáculos para decir la verdad

"La verdad os hará libres" —dijo Jesús. Pero muchas personas tienen temor de decir la verdad en cuanto a lo que sienten. Entre los obstáculos para decir la verdad, se encuentran:

EL TEMOR DE CULPAR A OTROS

Hay personas que no dicen la verdad en cuanto a lo que sienten porque no quieren culpar a sus padres. Por ello debemos entender que expresar la verdad en cuanto a lo que sentimos, no quiere decir que los estamos culpando; ellos seguramente hicieron lo mejor que pudieron. Al fin y al cabo, ellos tenían sus propias heridas ocasionadas por sus padres, y aquellos, las de sus padres. Más aun, si no permites que Dios te sane a ti, vas a trasmitir tus heridas a tus hijos. No podemos ser diferentes de lo que somos; vamos a vivir con nuestros hijos, tratándolos como nos trataron a nosotros. Alguien tiene que romper esta cadena, diciendo la verdad. Eso no es culpar a alguien.

¿Quién era culpable de que yo tuviese ese sentimiento de culpa de pensar que yo había acasionado la muerte de mi hermano? ¿Mis padres? No fue culpa de ellos que él muriera. ¿Mis hermanos? Ellos no sabían lo que estaban haciendo. Ellos me relataron con amor cómo fue mi nacimiento, no tenían ni idea de lo que estaba pasando dentro de mí. ¿Tenía yo la culpa? ¡Claro que no!

Al decir la verdad sobre lo que sentimos, no estamos culpando a nadie; estamos sencillamente diciendo la verdad desde nuestro punto de vista. Por ejemplo: si mientras estoy sentada en mi oficina describo lo que veo, yo podría decir: "Veo una ventana muy grande con unas cortinas blancas y un sofá grande".

A su vez, la persona a quien estoy aconsejando podría describir lo que ve de la siguiente manera: "Veo una pared oscura con una silla verde en frente".

Yo podría responder: "¿Cómo puedes llamar a ese sofá, una silla verde; y a esas cortinas, una pared oscura?"

A lo cual la persona añadiría: "¿Pero no lo ves? ¡Esa silla no es lo suficientemente grande como para ser un sofá! ¡Y esa pared oscura ni siquiera se parece a una ventana!"

Entonces yo podría pensar: "¡Ah! De verdad hay algo que no anda bien en esta persona!"

Podríamos gastar el resto del día acusándonos de mentirosos o tratando de definir el concepto de sofá y silla. Si después de esa larga discusión cualquier de los dos cambiara su versión para complacer al otro, terminaría realmente siendo un mentiroso, porque no estaría diciendo la verdad acerca de lo que está percibiendo desde su punto de vista.

Cuando tú dices la verdad, la dices según lo que tú has sentido, no según lo que tus padres han sentido. Si hablara con tus padres, tu mamá diría una verdad y tu papá otra. Ambas van a ser diferentes a la tuya, porque es la historia desde el ángulo de cada quien. Aunque tu papá, tu mamá y tú van a decir la verdad, serán versiones diferentes de la misma historia. Entonces, la verdad de tu papá y tu mamá les hará libres a ellos pero sólo la verdad tuya es la que te hará libre a ti.

EL TEMOR A LO DESCONOCIDO

Otro obstáculo para decir la verdad es el temor a lo desconocido. Tú puedes pensar: "Pero si empiezo a decir la verdad en cuanto a lo que yo siento, ¿qué es lo que voy a encontrar más adentro?"

Karin me dijo: "Una vez le conté algo de mi vida a

un sicólogo y eso fue como abrir una ventanilla en mi vida, por donde vi las cosas tan negras y feas, que preferí cerrarla rápidamente y no contarle nada más. Siempre me vi como una casa con todas las puertas y ventanas cerradas herméticamente. ¡Era muy oscuro adentro! Pero ahora, veo una casa con las puertas abiertas. Mis cuatro niños están jugando allá. El viento está jugando con las cortinas, y lo mejor de todo es que Cristo está allá".

Tenemos temor de lo que puede estar escondido dentro de nosotros que no hemos descubierto. Si digo la verdad, ¿qué es lo que voy a encontrar debajo de todo? Decir la verdad duele; dolió cuando entró y va a doler al salir.

No es suficiente hablar en cuanto a lo que ha pasado, es necesario sentir el dolor otra vez. Tú puedes llorar amargamente en cuanto a lo que te ha pasado, pero si no sacas el dolor en sí, vas a quedar lo mismo que antes. Tienes que sacar lo que tú sentiste cuando las cosas pasaron. ¿Cuál fue el sentimiento que acompañó la difícil experiencia que viviste? Precisamente de ese sentimiento es que tenemos temor y es porque nos dolió tanto cuando aquello pasó, que ahora no queremos que ese dolor se repita otra vez.

Casi siempre en la mitad del proceso de sanidad, cuando la persona está excavando más y más en su vida pasada, llega a gritar: "¿Pero no va a terminar esto nunca? ¿Tengo que seguir sintiéndome así por toda la vida?"

¡Este proceso no sigue por siempre! Hay un final. Sin embargo, cuando uno está en la mitad del proceso, parece como si no fuera a terminar. Piensa, si tienes veinte o cuarenta años de vivir con estos dolores, tienes veinte o cuarenta años para excavar antes que todo salga. Empero, hay un final. El proceso no va a continuar por siempre. Karin dijo al final: "Yo he tenido un viaje muy largo a través de mi vida, pero ahora he llegado a casa otra vez".

EL MAL CONCEPTO DE DIOS
Otro obstáculo para decir la verdad es nuestro concepto de Dios. ¿Cómo es Dios para ti? ¿Es como tu padre? ¿Muy rígido, listo para aprehenderte y castigarte? Es muy inte-

resante saber que nuestro concepto de Dios concuerda con lo que nosotros experimentamos y sentimos en cuanto a nuestro padre terrenal. No estoy hablando en cuanto a lo que nuestra mente sabe acerca de Dios. Estoy hablando de lo que nosotros sentimos acerca de Dios. Fue Sigmundo Freud, "el padre de la sicología", quien dijo que nosotros proyectamos a Dios, partiendo del concepto que tenemos de nuestro padre. Dijo parte de la verdad. Es cierto que nosotros formamos nuestro concepto del carácter de Dios según lo que haya sido y lo que la mamá nos haya dicho acerca de nuestro padre, pero eso no es lo que hace a Dios existir como realmente es. Dios existe tal cual es a pesar de nuestro concepto de El, no según nuestro concepto de El. Sin embargo, nuestras experiencias con nuestros padres nos dibujan el cuadro que tenemos en nuestra mente, a través del cual filtramos nuestra relación con El.

Es interesante saber por qué Dios nos dice que El es como un padre. Dios tenía todo nuestro vocabulario delante de sí, del cual podía escoger una palabra para decirnos cómo es El. Habría podido escoger la palabra árbol. Un árbol es muy agradable cuando hace mucho calor y es bueno cuando hace frío porque podemos cortarlo y hacer fuego; podemos construir con él una casa. Pero un árbol no es un buen amigo y, desde luego, quisiéramos tener algo más que un árbol como Dios.

Dios hubiera podido escoger la palabra perro para decirnos cómo es El. Un perro es el mejor amigo del hombre; es un buen compañero cuando uno se siente solo. Un perro amable nos protege, pero en ocasiones es sucio también. ¿Cierto que no sería agradable tener como Dios a un perro?

Dios tenía acceso a todo nuestro vocabulario para escoger una palabra para decirnos como es El, y escogió la palabra "padre", porque ésta lo representa mejor que cualquier otra de las palabras que tenemos.

Esa seguramente era la palabra precisa para describirlo cuando nosotros, representados en Adán y Eva, estuvimos en el paraíso. Antes de la caída del ser humano, el padre no hubiera tenido los problemas que afronta ahora, hubiera sido un padre como nosotros hubiéramos querido tenerlo. Pero la raza humana cayó en el pecado y con ella, los padres también.

A pesar de eso, el padre sigue representando a Dios para el niño. El padre para él es la persona más fuerte del mundo. Cuando la mamá dice: "Esperemos a que venga papá, él es más fuerte. Yo no puedo". el niño percibe que el papá lo puede todo. Para él, su papá es un Dios. El niño forma sus primeros conceptos acerca de Dios según como sea su papá.

Sin embargo, ya no estamos en el paraíso y el padre tiene defectos, ya no representa correctamente a Dios. Ahora aprendemos cómo es Dios, observando a nuestro padre con sus virtudes y sus defectos. Para cada persona, Dios tiene los mismos defectos que tiene el padre.

Piensa un momento, ¿cómo es Dios para ti? ¿Cómo es tu papá? Yo recuerdo muy bien cuando Dios me mostró que estaba hablando con El como mi mamá hablaba con mi papá. Mi mamá venía de una familia educada, de pastores y misioneros, siempre leyendo libros, etcétera. Mi papá venía de una familia campesina. El leía la Biblia y el comentario para las clases de la escuela dominical pero no hacía ninguna otra clase de lectura. Mi mamá nunca pudo aceptar a mi papá como era.

Yo nací en una familia muy buena, me llevaban a la iglesia desde que estaba de brazos. El deseo más ferviente de mis padres era que sus hijos se entregaran al Señor, y así ocurrió; todos nosotros estamos en la obra del Señor de una manera u otra.

Pero mi mamá tenía el defecto de dominar a mi papá. Siempre le decía: "Ahora debes hacer esto y esto. No te olvides de…" Ya estaba preparándome para irme de misionera cuando un día Dios me mostró cómo estaba orando yo. Decía: "Oh Señor, por favor haz eso y esto. Si no quieres, está bien; pero me parece que sería mejor hacerlo así. Señor, por favor eso y esto y aquello".

Yo nunca llegué a decirle: "Señor, muéstrame lo que tú quieres, sé que tú quieres lo mejor para mi vida. Muéstrame qué es y lo haré, porque sé que tu sabes más que yo".

Ese día, Dios me detuvo en mi oración y me dijo:

"¿Sabes? tú estás hablando conmigo exactamente como tu mamá hablaba con tu papá".

Yo exclamé: "¡Dios mío, cómo es posible!", pues yo detestaba la manera como mi mamá le hablaba a mi papá. No quería ser como mi mamá en eso. En otras áreas de su vida, yo sí quería ser como ella, pero no en eso. Ahora me encontraba hablando con Dios como ella hablaba con mi papá, casi no podía admitirlo, quería más bien esconderme.

Entonces, oí a Dios reírse suavemente, diciendo: "¿Y acaso tú piensas que yo no sabía eso desde el principio? Estaba esperando que tú te dieras cuenta y me lo dijeras para poder cambiarte".

Finalmente, tuve que admitirlo: "Señor, sí, es verdad; yo estoy hablando contigo exactamente como mi mamá hablaba con mi papá". Cuando al fin le dije la verdad, Dios pudo empezar a cambiarme.

TERESA

Teresa estaba preparándose para el ministerio. Empero, ella nunca podía manifestar a Dios cómo se sentía, no entendía por qué. Necesitamos dos meses para descubrir cuál era el problema.

El padre de Teresa se preparaba para ser pastor, pero se alejó de Dios y abandonó el hogar cuando ella tenía seis años, era un borracho. Teresa siempre temía que un día él iba a volver para cogerla y llevarla a un lugar muy oscuro y feo, lleno de envases de cerveza. De niña, ella vivía con este constante terror.

Luego Teresa se entregó al Señor, sin embargo, aunque estaba preparándose para el ministerio, no podía orar con la puerta cerrada, ni con los ojos cerrados le parecía que había un espanto detrás de ella. Entonces se dio cuenta de que Dios era para ella como un espanto: sólo unos huesos con un trapo encima. Si cerraba la puerta, tal vez Dios iba a aparecer en la pieza junto a ella y quién sabe qué le iba a hacer; tal vez la llevaría a un lugar lejano.

Teresa podía orar pidiendo cosas como un par de zapatos, pero nunca podía manifestarle a Dios cómo ella realmente se sentía. Nunca podía abrirle el corazón de veras.

Un día le dije: "Ahora di a Dios la verdad, dile: ¡Señor, yo tengo temor de ti!"

Teresa no podía decirlo. Empezó a orar diciendo: "Señor, gracias porque tú me amas, gracias por lo que tú haces en mi vida, gracias por esto y aquello".

La detuve en la oración y le dije: "Así no es. Di: ¡Dios tengo temor de ti!"

Otra vez oraba: "Señor, gracias por esto y aquello".

La detuve otra vez en la oración y le pedí que sencillamente dijera: "¡Dios yo tengo temor de ti!"

Entonces alcanzó a decir: "Dios... yo tengo... temor de ti, pero tengo razón porque tú eres tan grande y yo tan pequeña..."

"No, no, así no —le dije—. Di: ¡Dios, yo tengo temor de ti! no más".

Otra vez, empezó: "Dios... tengo... temor de ti, pero tengo razón, Dios, porque yo estoy aquí sola..."

Teresa no podía admitir la verdad, porque pensaba que si ella hubiera dicho la verdad en cuanto a lo que sentía hacia Dios, El de veras hubiera venido a cogerla, y quién sabe a dónde la hubiera llevado.

Nosotros teníamos que salir de los Estados Unidos para volver a Colombia y no podía dar a Teresa todo el tiempo que necesitaba. Sin embargo, ella empezó a decirle a Dios algo de lo que sentía.

Antes de salir le pregunté cómo era Dios ahora. Me dijo que por lo menos ahora podía cerrar la puerta de su cuarto y orar con los ojos cerrados. Teresa estaba aprendiendo a confiar en Dios; El ya no era para ella como su papá.

¿Cómo es tu Dios? Di la verdad; la verdad te hace libre. En la lista donde has escrito todo lo que te duele y tu concepto de ti mismo, escribe también tu concepto de Dios, lo que tú de veras sientes hacia El.

7

Ocultismo y entrega a Cristo

Dios ha puesto en cada uno de nosotros la capacidad de ponernos en contacto con el mundo sobrenatural, para que podamos tener comunión con El mismo. Sin embargo, hay dos mundos sobrenaturales: El mundo de las tinieblas, dominado por Satanás, y el mundo de la luz, dominado por Dios. Desde que la raza humana cayó en pecado, nosotros podemos estar en contacto con ambos mundos sobrenaturales.

Si tú has tenido contacto con espiritistas, hechiceros o religiones falsas de alguna índole, has tenido contacto con lo que para Dios es una abominación. En Deuteronomio 18: 10-12 leemos:

No sea hallado en ti quien haga pasar a su hijo o su hija por el fuego [era costumbre en ese tiempo ofrecer los hijos a los ídolos], *ni quien practique adivinación, ni agorero, ni sortílego, ni hechicero, ni encantador, ni adivino, ni mago, ni quien consulte a los muertos. Porque es abominación para con Jehová cualquiera que hace estas cosas, y por estas abominaciones Jehová tu Dios echa estas naciones de delante de ti.*

Dios nos dice esto tan claramente, porque los que practican tales cosas realmente reciben poder, pero del reino que es dominado por Satanás, el enemigo de Dios. Si alguien practica estas abominaciones o consulta a una persona que las practica, se pone en contacto con el reino de Satanás. Se podría decir que es como establecer un contacto telefónico o abrir una puerta en la vida de quien lo hace, al reino de él. Se puede ilustrar así:

El Reino de Dios

El reino de Satanás

El ser humano en contacto con el reino de Satanás

Luego la persona entrega su vida a Cristo y quiere hacer la voluntad de Dios. A pesar de eso, el contacto con el reino de Satanás continúa, porque él no renuncia voluntariamente al territorio que se le ha entregado al establecer contacto con su reino. Podemos ilustrarlo así:

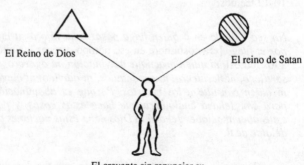

El Reino de Dios

El reino de Satan

El creyente sin renunciar su
contacto previo con el reino de Satanás

Cuando esta persona trata de leer la Biblia u orar, le es muy difícil concentrarse en lo que está haciendo; siente pereza de ir a la iglesia u orar. Muchas veces duda del amor de Dios, o piensa que Dios es mentiroso.

Mientras el contacto que hicimos con el reino de Satanás, no sea roto, la relación con el mundo sobrenatural será como una conversación telefónica con las líneas cruzadas cuando cuatro personas tratan de hablar a la vez. Nadie entiende nada. Cuando la persona renuncia al contacto que tuvo con el ocultismo y cierra la puerta que se abrió en su vida para comunicarse con Satanás, el contacto con el reino de Satanás queda roto. Ello se puede ilustrar así:

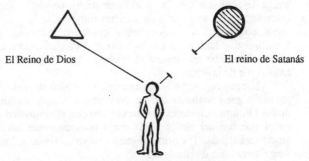

El Reino de Dios   El reino de Satanás

El creyente que ha renunciado
su contacto con el reino de Satanás

Hay personas que dicen: "Sí, yo fui a un lugar de estos, pero yo realmente no creía en eso. Solamente acompañé a una amiga".

La Biblia nos dice que Satanás es como un ladrón. Ningún ladrón espera para entrar en la casa hasta que el dueño se dé cuenta de que lo es. Un ladrón nunca llama a la puerta diciendo: "Yo soy ladrón, permítame entrar, quiero robarle". Un ladrón así se morirá de hambre.

El ladrón entra cuando el dueño piensa que la puerta o la ventana está bien cerrada y cuando él menos lo espera. Así pasa con Satanás; no espera hasta que le invitemos, para ponerse en contacto con nosotros, él llega cuando menos lo esperamos y menos creemos en él.

LUZ ANGELA

Luz Angela fue creyente durante años, su esposo era pastor. Durante mucho tiempo luchó contra dudas acerca de su salvación; dudaba que Dios la amara, muchas veces ayunaba y oraba por sus dudas sin que lograra mejorar. En una reunión, mi esposo habló en cuanto a la necesidad, no solamente de arrepentirse de cada contacto con toda clase de espiritismo, sino de renunciar a cada contacto que uno haya tenido y cerrar la puerta que fue abierta a Satanás en la vida de la persona.

Luego durante una dinámica de grupo, Luz Angela me comentó sus inquietudes: Estando en el tercer año de escuela secundaria, tuvo temor de perder un examen. Una amiga le aconsejó que fuera al cementerio, donde habían enterrado el día anterior a un hombre muy malvado. Allí debía coger una vela que había quedado, prenderla y arrodillarse al lado de la tumba y rezar el Padre Nuestro al revés. Eso haría que pasara el examen. Luz Angela hizo todo al pie de la letra.

Luego, con el paso del tiempo, se olvidó de todo y ahora se preguntaba si allí se encontraría la raíz de sus dudas. Entonces renunció a ese contacto con el ocultismo y en el nombre del Señor Jesús cerró la puerta que había abierto a Satanás. Por primera vez en su vida cristiana, Luz Angela era libre de sus dudas.

¿Has tenido algún contacto con ocultismo? ¿Lo han tenido tus padres o tus abuelos? La Biblia nos dice en Exodo 20:5 que estas influencias pueden seguir hasta la tercera o cuarta generación. Ahora mismo agrega a tu lista, cualquier contacto que tú hayas tenido con el ocultismo. Escribe también todo lo que sepas en cuanto a cualquier contacto que tus padres o abuelos hayan hecho, o lo que tú has hecho con tus hijos.

LA ENTREGA A CRISTO

Si tú quieres que Cristo sane tus heridas sicológicas, en primer lugar tienes que dejar que El entre en tu vida. Nosotros tuvimos en la cocina un grifo que goteaba y llamamos a un plomero para que viniera a arreglarlo. ¿Qué tal que cuando hubiera tocado a la puerta, le hubiéramos dicho que él no podía entrar, porque el apartamento era nuestro y que tenía que arreglar el grifo desde afuera? Sin duda, el grifo hubiera seguido goteando porque sin entrar al apartamento hubiera sido imposible arreglarlo.

Lo mismo sucede contigo si quieres que Cristo sane los traumas de tu vida. En primer lugar, tienes que entregarle a El tu vida, El no te puede sanar si no le dejas entrar en ella.

Tal vez digas: "Pero, Dios siempre ha estado conmigo". Eso es cierto. El siempre está contigo; también está con los gatos, los perros, los árboles y con toda la creación. Sin embargo, El quiere una relación más íntima con nosotros los seres humanos.

La Biblia nos dice en Génesis, capítulos 1 y 2, que cuando Dios formó a Adán del barro, sopló en él aliento de vida convirtiéndolo en un ser viviente. Luego Dios les dijo a Adán y Eva: "El día que coman del árbol del conocimiento del bien y del mal, morirán".

Sin embargo, cuando comieron, no murieron físicamente. Eso se explica en el significado de la palabra muerte, que en griego quiere decir "separación"; no quiere decir "acabarse". Cuando el cuerpo muere hay una separación entre el cuerpo y el alma. Podemos verlo cuando el cuerpo queda sin vida. Lo mismo pasó a Adán y Eva. Ese aliento de vida que Dios había soplado en ellos salió; murieron espiritualmente, llevando a cabo una separación entre Dios y ellos.

Esta separación permanece de generación en generación y es por eso que sentimos un vacío tan grande y profundo dentro de nosotros que nada puede llenarlo. Tratamos de llenarlo con autos, casa, ropa, familia, hijos, esposos, novios, religiones y muchas otras cosas, pero es aun más profundo que eso. Nada puede llenarlo, porque es un vacío en el espíritu que solamente Dios, en Jesucristo, puede llenar.

¿Cómo puede Cristo llenar este vacío que sentimos en nuestro espíritu? Cristo nos dice en Apocalipsis 3:20: "He aquí yo [Cristo] estoy a la puerta y llamo; si alguno oye mi voz y abre la puerta, yo entraré a él y cenaré con él y él conmigo".

Si yo toco a la puerta de tu casa y tú quieres que yo entre ¿qué haces? Me abres la puerta y me invitas a entrar. Si soy bienvenida, me haces seguir a la sala y si quieres que yo cene contigo, me invitas al comedor a compartir tu mesa. Pero si quieres que yo sea el dueño de tu casa, me la vas a mostrar toda y me dirás: "Mi casa está a tus órdenes, dime ¿cómo quieres arreglarla, de qué color quieres que te pinte las paredes? Dime que quieres hacer en ella y yo lo haré".

Lo mismo sucede en nuestras vidas con Cristo, El no actúa como ladrón, El es muy respetuoso y no entra sin invitación; El toca a la puerta y espera. Si tú abres la puerta de tu vida, El entra; pero nunca lo hará sin tu invitación.

Invita a Cristo ahora mismo a tu vida. Dile: "Señor Jesucristo, yo me doy cuenta de que nunca te he abierto mi vida a ti. Tú has estado conmigo, pero nunca te he invitado a entrar en mi vida. Hoy quiero rendirme a ti. Te abro a ti la puerta de mi vida, te pido que entres, limpies todo mi pecado, me perdones y me hagas tu hijo.

"Señor, yo quiero pertenecer a ti. Perdona todo lo que he hecho contra ti y contra otros. Dime qué debo hacer, y yo lo haré. Quiero que tú seas mi dueño y Señor. Gracias por lo que tú estás haciendo en mi vida. Amén".

RENUNCIA AL OCULTISMO

Ahora renuncia a todo contacto que hayas tenido con el ocultismo. Toma tu lista y renuncia a todas las cosas, una por una. Ora: "Señor Jesucristo, en este momento quiero renunciar a todo contacto que yo haya tenido con cualquier cosa que sea abominación delante de ti. Yo renuncio a todo contacto que haya tenido con cualquier adivino, agorero, sortílego, hechicero, encantador, mago y cualquier espiritista o médium que haya consultado a los muertos.

"Señor, yo renuncio y me alejo de la brujería, la lectura del café, del té, de las cartas, del cigarrillo, de la orina y de las manos. También renuncio a consultar la ouija, la astrología y el horóscopo.

"Me alejo y renuncio de toda religión no cristiana, así como a las relaciones sexuales fuera del matrimonio, el adulterio, el asesinato, el robo, el hurto en las tiendas, el engaño, el fraude en los negocios y en los exámenes. También renuncio a la mentira, la calumnia, la embriaguez, la droga. Yo renuncio a cualquiera de estos pecados que mis padres hayan cometido. Señor Jesucristo, en tu nombre cierro las puertas que fueron abiertas en mi vida al reino de Satanás. Te pido que tú limpies las partes de mi vida que hayan sido afectadas y las llenes con tu Santo Espíritu".

Si hay algo más en tu lista que recuerdes ahora, y no hayas mencionado, renuncia a ello, diciendo: "En el nombre de Cristo yo renuncio al contacto y cierro la puerta que fue abierta en mi vida al reino de Satanás cuando tuve contacto con _____. Señor, llena esta parte de mi vida con tu Espíritu Santo. Gracias, Señor, por liberarme".

8

Oración guía para sanidad interior

LA ORACION POR TUS PROPIAS HERIDAS

Pide a Dios que abra tus ojos espirituales para ver a Cristo a tu lado con un "saco espiritual" abierto, listo para recibir todo lo que te ha dolido o traumatizado. Eso no quiere decir verle físicamente sino, captar interiormente lo que tú estás pidiendo, como de veras llevándose a cabo. Preséntale a El cada escena de tu vida donde tú hayas recibido una herida o un trauma. Mírale a El en cada una de esas escenas y permite que todo lo que te pasó a ti, caiga sobre El. Observa cómo lo lleva en la cruz. Ahora toma la lista que has hecho de las heridas de tu vida y llena con ellas los espacios de las siguientes frases, una por una.

Di a la memoria de tu padre: "Papá, cuando tú me_____ (ejemplo: hiciste quedar solo teniendo yo tanto miedo) yo sentí _____ (ejemplo: mucha rabia y temor). Quería _____ (ejemplo: golpearte y gritarte que no me dejaras solo) pero tú _____ (ejemplo: no me escuchaste). "Señor Jesucristo, este _____ (ejemplo: temor y rabia) que yo sentí hacia mi papá me está acabando. Yo no puedo cargarlo más. Yo echo todo este _____ (ejemplo: temor y rabia) en el "saco" que tú me tienes abierto; echo dentro todo lo que mi papá me hizo, todo lo que sentí y aún siento. Cárgalo tú, por favor".

Cuando todo esté en el saco, sigue con la segunda herida y ora de igual manera, usando la misma oración guía. Recuerda decir siempre toda la verdad en cuanto a lo que sentiste. Grita y llora, si quieres hacerlo. Saca esos sentimientos y luego échalos en el "saco". Si no recuerdas lo que sentiste, pide a Cristo que te lo haga sentir de nuevo, y que El libere y reciba esos sentimiento en el "saco".

Cuando hayas terminado con todo lo que tu padre te hizo, sigue con las heridas que te causó tu madre. Luego sigue con cada uno de tus hermanos y hermanas, mencionándolos por sus nombres; sigue con las heridas que te causaron tus tíos y tías, abuelos y abuelas, primos y primas, sobrinos y sobrinas, vecinos, compañeros de colegio, maestros, novios o novias, compañeros de trabajo, suegro y suegra, cuñados y cuñadas, esposo o esposa, hijos e hijas, sacerdotes y monjas, pastores y misioneras, o cualquier otra persona que puedas recordar. Haz lo mismo con lo que no has podido perdonar y aceptar en cuanto a ti mismo.

Ahora di a Dios todo lo que tú has sentido hacia El; dile que tú no has podido perdonar lo que El permitió que sucediera en tu vida. Di: "Dios, yo siempre he sentido que Tú eres _____ (ejemplo: muy injusto) que Tú me_____ (ejemplo: estás castigando). Siento rabia contigo porque Tú permitiste que _____ (ejemplo: mi hermano muriera). Ahora yo tomo todo eso y lo echo en el "saco" de Cristo. También tomo este cuadro equivocado que tengo de Ti en mi mente, lo hago pedazos y lo echo en el "saco" de Cristo; no puedo cargarlo más. Muéstrame, por favor cómo eres Tú realmente." Si tal vez sientes temor de Cristo, no puedes confiar en El, o tienes cualquier otro sentimiento contra El, échalo en el "saco" de Cristo también.

Cuando ya no puedas recordar nada más para echar en el "saco", di a Cristo: "Señor Jesucristo, si hay algo más para echar que yo no puedo recordar, tráemelo a la memoria ahora mismo. Si no hay nada más, en tu nombre yo cierro este saco, séllalo con tu sangre. Señor, yo echo este saco lleno de mis heridas sobre tus hombros; llévalo en la cruz.

"Te veo a Ti, Señor, caminando hacia la cruz con este "bulto" tan pesado sobre tus hombros, gracias por cargarlo por mí. Señor, yo te veo clavado en la cruz con mi "bulto" y cómo cae ese bulto al infierno, de donde vino, y ahora es exterminado. Gracias por venir a mí, ya resucitado. Veo en tus ojos amor, perdón, compasión, y mucho más. Yo me acojo a Ti para recibir tu sanidad, tu amor, tu perdón, y tu compasión".

Ahora, di la verdad a la memoria de tu padre. Di: "Papá, jamás podría perdonarte lo que me hiciste. Pero yo he echado todo este dolor sobre Cristo. El lo cargó por mí y ahora mi "vaso" está rebozando con su perdón. Yo tomo el perdón de Cristo y lo extiendo a ti. Papá, con el perdón de Cristo yo te perdono. Perdóname tú a mí también por las veces que yo no me comporté bien contigo".

Di ahora a Cristo: "Cristo, jamás pude perdonar a mi papá, pero Tú ya cargaste este dolor. Yo tomé de tu perdón y lo extendí a mi papá. Con tu perdón yo le perdoné a mi papá todo que me hizo".

Perdona de la misma manera a tu madre, a tus hermanos y a todas las demás personas de tu lista. Perdónate a ti mismo también. Di tu propio nombre: "_____, yo te perdono con el perdón de Cristo y te acepto como tú eres; con todos tus defectos y tus virtudes, así como Cristo te aceptó".

Ahora di a Dios: Dios, yo nunca he podido perdonar el hecho de que Tú permitieras que_____ (ejemplo: mis padres se separaran). Ahora, Dios, yo he echado todo esto en el saco del Señor Jesucristo. El está derramando su perdón en mí. Dios, con el perdón de Cristo, yo te perdono el hecho de haber_____ (ejemplo: permitido que mis padres se separasen). Perdóname Tú a mí por mi actitud hacia Ti".

Cuando nada más te venga a la memoria para dar a Cristo, termina tu tiempo de oración, dando gracias a Dios por el milagro de sanidad que El está llevando a cabo en ti.

ORANDO POR LA SANIDAD DE OTROS

Cuando Dios sana a una persona, ésta ya puede orar por otros para que ellos a su vez también sean sanados de sus traumas y heridas. Puedes usar la oración con una sola persona, con un grupo, o para ti mismo. Pídele que él te siga, formando cuadros mentales acerca de aquello por lo que tú estás orando. Sus ojos vieron y sus oídos oyeron todo que le traumatizó, ahora tienen que ver y oír como Cristo le sana. Pídele a Cristo que El tome la mano de la persona y le guíe a través de su vida, mientras tú oras. Pon el nombre de la persona por la cual estás orando en los espacios de la siguiente oración que puede servirte como pauta.

"Señor Jesús, te doy gracias porque en ti no hay pasado, en ti todo es presente. Te pido que tomes la mano de _____(ejemplo: la mano mía, Juan, María, o de cada quien aquí congregado) y andes con él a través de su vida, juventud, niñez, el día de su nacimiento, y aun el día cuando fue concebido.

"Señor Jesucristo, libera a _____ de cualquier clase de influencia negativa recibida de la vida de sus padres, abuelos o bisabuelos. Líbrale de toda influencia de hechicería o espiritismo en la cual ellos tal vez hayan tomado parte, aun antes de su nacimiento. En Tu nombre renunciamos y anulamos todo esto y cerramos las puertas que fueron abiertas al reino de Satanás. Llena con tu Espíritu Santo la parte de su vida que fue afectada.

"Mira, Señor, la noche de la concepción de _____; Tú sabes que quizá fue un acto de amor, un accidente, o inclusive un acto de pecado. Señor, entra allí en esa habitación y haz de este acto algo lindo como Tú quisiste que fuera. Si hubo pecado, llévalo sobre Ti en la cruz del Calvario. Señor, Tú tienes control de todo y Tú quisiste que esta vida fuera formada. Tú tuviste un plan para _____ antes de la fundación del mundo. Gracias por ello.

"Señor, cuando la madre se dio cuenta por primera vez que estaba esperando un niño, tal vez sintió miedo, inclusive pudo rechazar en ese momento a _____. Oh, Señor, acércate a esa madre y consuélala. Dile que Tú la cuidarás, que Tú le has dado este niño y que tienes un plan para él. Infunde en ella gozo y confianza en Ti que se proyecten al bebé.

"Señor, tal vez la madre tuvo un embarazo difícil, y hasta llegó a enfermarse. Quizá no era casada y seguramente se sintió culpable. Señor, ahora mismo, lleva Tú esas enfermedades y culpas sobre Ti y sana cualquier trauma que pudiese haber afectado al bebé.

"Señor Jesús, cuando llegue el momento del parto, te pido que te acerques a la madre. Tal vez el parto fue largo y difícil. Extiende tu mano sobre ella, lleva sus dolores y cuida al bebé de todo trauma. Y cuando nazca _____ recíbelo en tus brazos, dale la bienvenida a este mundo. Dile que Tú le amas, que estás muy contento de que haya nacido y conságrale en este mismo momento a tu obra.

"Señor, durante estos primeros días y años cuando el bebé necesitaba tanto del cuidado de su madre que le meciera y le diera seguridad, tal vez ella estuvo muy ocupada y no pudo atenderle; o tal vez por causa de la pobreza, alguna enfermedad, o aun la muerte, el bebé fue separado de ella y se quedó solo, llorando, sin que nadie lo atendiera. Señor Jesús, entra donde está este bebé llorando, tómale en tus brazos, cámbiale los pañales, dale el tetero, mécele suavemente y dile que Tú le amas y que vas a darle todo lo que él necesita.

"En los años que siguieron se "metía en todo" y estaba siempre haciendo preguntas, tal vez la madre se enojó y le dijo que se callara y no preguntara más; inclusive, tal vez empezó a aprender que no debía hablar de lo que realmente pensaba, sino que debía desconfiar. Señor, toma Tú este niño en tus brazos, ponlo sobre tus rodillas, escúchalo y contéstale todo lo que él quiso saber. Sánalo Señor Jesús, tal vez durante estos años el padre tampoco tuvo tiempo para _____, o tal vez fue muy brusco con él. Te pido que Tú tomes a este niño en tus brazos fuertes y seas un padre para él, hazle sentir tu protección y cuidado. También pudo ser que este padre (aun la madre) haya llegado embriagado y haya maltratado a los niños y a la madre con palabras y aun con castigos.

"Señor, entra en esta habitación donde están ellos, tal vez aun metidos debajo de la cama, llenos de terror. Señor Jesús, enfrenta Tú al padre y haz que estos castigos, latigazos, y palabras feas caigan sobre Ti; lleva todo eso en la cruz. Deja salir a esta familia sin ningún trauma, pues

Tú estás allí. Señor, pon tus manos sobre todas las llagas que _____ recibió durante este tiempo y sánalas completamente; llénalo con tu amor y tu confianza. Gracias porque Tú estás haciéndolo.

"Señor Jesucristo, en los años siguientes a la niñez hubo muchas veces en que _____, siendo niño, se comportó de tal manera que necesitaba la corrección y pudo ser que sus padres en vez de instruirlo con amor, no le entendieron, lo ridiculizaron, lo criticaron, le hicieron sentir que nunca podía hacer nada bien. En vez de ayudarle a desarrollar confianza, le infundieron desconfianza. Poco o nunca lo elogiaban por lo que hacía y, por lo tanto, él se siente muy acomplejado; siempre piensa que va a fallar.

"Señor, anda al lado de este niño y afírmale cuando ha hecho las cosas bien. Dile que Tú estás muy orgulloso de él por la manera como está aprendiendo y desarrollándose. Explícale todo lo que quiere saber. Cuando él se comporte mal, castígalo en la forma debida según el amor, explicándole la razón de su castigo. Al ser castigado injustamente, Señor, cúbrelo y recibe Tú este castigo.

"Tal vez hubo ocasiones en que los hermanos mayores no entendían a _____ bien. Tal vez lo ridiculizaron y lo menospreciaron, causándole heridas y traumas que nunca sanaron. Carga Tú el dolor de estas llagas y sánalas.

"Señor, cuando _____ entró al colegio, todo fue extraño para él y seguramente tuvo temor. Toma Tú la mano de él y acompáñale al colegio. Seguramente, algunas veces los niños lo hicieron a un lado, haciéndolo sentirse solo. Quizá hubo algún profesor que le hizo sentir que no valía nada y hasta hizo mofa de él. Quédate al lado de _____ y permite que todas esas palabras y actitudes caigan sobre Ti y que él pueda salir libre. Sánale de estos traumas. Gracias porque Tú lo estás haciendo.

"Señor Jesús, cuando _____ llegó a ser joven, (señorita), tal vez nadie le explicó acerca de la vida. Quizá no supieron cómo explicarle y todo llegó de sorpresa, causándole vergüenza y miedo. Señor yo pido que te acerques a él y le expliques todo lo que debe saber. Permite que toda vergüenza y temor caigan sobre Ti.

"Tal vez la niña fue violada y al llegar a señorita se siente menospreciada y sucia. Tal vez el joven fue llevado a una casa de lenocinio y lo que aprendió en ese período de la vida le haya inducido al mal de por vida. Señor Jesucristo, entra Tú en estas escenas y limpia la mente y el cuerpo de todo lo que pasó en ese tiempo. Haz a este joven (señorita) tan limpio y sano, como si nunca hubiera pasado nada. Gracias por lo que Tú estás haciendo.

Posiblemente el novio o la novia de_____ le engañó y ya no puede confiar en el amor del sexo opuesto. Toma Tú este engaño sobre Ti".

Ayuda a la persona a hablar a la memoria de todos los que le han herido, echando todo en el "saco" de Cristo, así como tú ya lo has hecho al principio de este capítulo. Ayúdale a ver a Cristo llevando el bulto a la cruz y abrirse al perdón de Cristo y extender este perdón a los que le han herido.

Permítele expresar su dolor de cualquier manera que él pueda sacarlo de su ser; recuerda que no hay nada demasiado difícil para Dios que El no pueda sanar. Dale tiempo hasta que el dolor disminuya y él se calme. Guíale a traer al Señor cada uno de los traumas que ha escrito en su lista, siguiendo las oraciones al principio de este capítulo. Si la lista es demasiado larga, o si la persona está demasiado cansada para continuar, permítele que continúe el día siguiente en la casa.

Termina el tiempo dando gracias por lo que Dios está haciendo en la persona.

9

Cómo retener la sanidad interior

En el capítulo anterior tú has orado por tu pasado. ¿Cómo te sientes ahora? Puede ser que todo el dolor de tus heridas y traumas haya desaparecido, pero puede ser que no estés seguro del todo. Si fuese así, no digas que todo está bien, porque es sólo la verdad la que te hace libre. Pide que Cristo te muestre si hay algo que todavía está reprimido dentro de ti.

Tú has sido sanado hasta el punto en el cual has podido abrirte y decirle a Dios la verdad en cuanto a tus dolores. Además, Dios sabía cuanto podías soportar durante esa primera experiencia. Por lo tanto, todo lo que pudiste aguantar, y todo lo que El te mostró, era apenas el primer nivel de dolor que tú habías acumulado. Ahora, El quiere llevarte a un nivel más profundo.

Sencillamente quédate quieto delante de El y permite que te muestre lo que está en ese nivel. Confía en El y El te guiará con suavidad y cariño; El quiere sanarte mucho más que lo que tu mismo puedes desear.

Si te parece que has llegado a un punto donde no puedes seguir adelante, pídele a Dios que te ponga en contacto con un buen consejero cristiano que te pueda ayudar a entender lo que Dios quiere mostrarte. Si sientes que ya todo aquello en la lista ha sido llevado por Cristo en la cruz, quémala; no la guardes porque Cristo ya te ha despojado de esa carga. Nada de lo que está escrito allí te pertenece a ti, todo es ahora propiedad de El.

Si más tarde Satanás te dice: "Pero ¿es que no recuerdas lo que te han hecho?" Puedes responderle sin temor y decirle: "El 12 de agosto (pon tu propia fecha) yo eché eso sobre Cristo. El lo llevó por mí en la cruz y eso ya no tiene nada que ver conmigo; si usted quiere hablar en cuanto a este asunto, hable con Cristo. El problema ya no es mío y ¡yo no me meto en asuntos ajenos!" Luego ora, "Señor Jesús, gracias porque tu llevaste esa situación en la cruz por mí y me hiciste libre".

HABITOS AL PENSAR

Nosotros como seres humanos desarrollamos hábitos al pensar. Cuando recordamos algo o a alguien que nos causó dolor, al mismo tiempo recordamos el dolor en sí que tal persona o situación nos causó. El hecho de que yo no pudiera desenvolverme bien con mi instructora de enfermería, que se parecía a mi maestra de tercer año de primaria, demuestra que yo ya había desarrollado un hábito al pensar en ella. Al ver su cara, instantáneamente mis pensamientos fueron: "Fracaso... temor... castigo".

Todos hemos desarrollado estos "hábitos de pensar". ¿Cómo podemos romperlos? La Biblia nos dice en Romanos 12:2: "No os conforméis a este siglo, sino transformaos, por medio de la renovación de vuestro entendimiento". Nosotros debemos tener nuestro entendimiento, o sea nuestra manera de pensar, renovado, cambiado.

Tal vez tú hayas tratado de romper el hábito de fumar. Ya sabes que un hábito no se rompe de un día para otro, hay que luchar; lo mismo pasa con nuestros hábitos de pensar. Entre más firme esté el hábito arraigado en ti, más tienes que luchar. ¿Cómo lo vas a hacer? ¿Cómo vas a romper esa manera de pensar? No se rompe sólo con decir: "Yo no voy a pensar más en esto".

Hay un aspecto muy interesante relacionado con la dinámica del pensamiento humano. Para decidirnos a olvidar algo, tenemos que recordarlo primeramente. Si digo: "Yo no voy a pensar más en esto", tengo que pensar precisamente en eso para decir que no voy a continuar haciéndolo. Tú no puedes decir sencillamente: "Yo no voy a recordarlo", porque ya has mentido.

Haz cuidadosamente el siguiente experimento. No pienses más en la palabra "pan". Ahora dime, ¿en qué estás pensando? En la palabra "pan", ¿no es verdad? Mientras más trates de no pensar en esa palabra, más vas a hacerlo.

Los pensamientos se parecen a la goma, la sacamos de una mano y se pega a la otra. Luego la sacamos de esta última y se pega en la primera; no podemos quitarla. Así sucede también cuando tratamos de cambiar el hábito de pensar.

Dios sabía que éramos así y nos dio la solución. Esta se encuentra en Filipenses 4:8:

Por lo demás, hermanos, todo lo que es verdadero, todo lo honesto, todo lo justo, todo lo puro, todo lo amable, todo lo que es de buen nombre; si hay virtud alguna, si algo digno de alabanza, en esto pensad.

Lee el versículo otra vez y observa cuántos de los pensamientos enumerados son negativos. Ninguno de ellos, todos son positivos. Debemos solamente pensar en lo positivo, es una orden de Dios, no una sugerencia. Es un mandato: "en esto pensad". Dios no nos "permite el lujo" de recordar y pensar en lo negativo.

Dios sabe cómo nos hizo. El sabe que la única manera que tenemos de cambiar la vana manera de pensar o vivir que recibimos de nuestros padres (1 Pedro 1:18), es llenando nuestra mente con lo positivo. Pero esto es difícil de hacer. Si vemos a alguien que nos hizo daño, lo primero que pensamos es: "¿Te acuerdas lo que él te hizo?"

Haz otro experimento, hazlo con cuidado. No pienses en la palabra "pan", piensa en la palabra "agua". ¿En qué estás pensando ahora? Supongo que en la palabra "agua". Como ves, la segunda palabra desalojó a la primera.

Sólo he conocido una persona en toda mi vida que siempre hablaba bien de los demás, y si no tenía nada bueno que decir de alguien, no decía nada. Era muy grato estar con ella.

Esta amiga, una misionera, nos cuidó durante una semana mientras yo me recuperaba al ser operada de cáncer. Cuando ella volvió a su casa, otra misionera la reemplazó. Esta última era exactamente lo opuesto a la anterior. Veía y hablaba de todo negativamente. Finalmente yo quería que se fuera a su casa, porque me deprimía el estar oyendo siempre lo negativo de toda la gente.

Las dos misioneras habían desarrollado "hábitos de pensar" diferentes, ambas hablaban de los mismos sucesos y la misma gente, sin embargo, veían exactamente lo opuesto en cada situación.

Muchas veces es difícil encontrar algo bueno en una persona. Tal vez tenemos que aprender de aquella ancianita que vivía en un pueblo pequeño; ella solamente hablaba de lo bueno de la gente. Tenía Filipenses 4:8 escrito en su pensamiento. Si no podía decir nada bueno de alguien, no decía nada.

En este mismo pueblo, también vivía un hombre viejo que tenía una conducta vergonzosa. Cuando él murió, todo el mundo fue al entierro. Entonces algunos jóvenes que querían burlarse de la abuelita le preguntaron: "Ahora, señora, ¿qué puede decirnos en cuanto a este sinvergüenza que murió?"

Ella, rascándose la cabeza y después de pensar un rato, finalmente respondió: "Yo siempre he dicho que este señor tenía los dientes más lindos del mundo". Era lo único positivo que ella podía encontrar para decir del hombre, pero ciertamente, encontró algo bueno que afirmar.

Tal vez alguien te haya hecho algo tan horrible que no puedas encontrarle nada positivo aparte de "sus dientes bonitos". Llena, pues, tu mente con pensamientos acerca de "sus lindos dientes".

Cada persona tiene algo bueno en lo cual debemos concentrar nuestra mente. Esta es la única manera de librarnos de los pensamientos negativos y romper el "hábito de pensar" que hemos desarrollado.

Yo te desafío, a que busques las buenas cualidades de cada persona que te haya causado un trauma. Cuando te des cuenta de que estás pensando negativamente acerca de ella, echa estos pensamientos sobre Cristo y llena tu mente con pensamientos que reflejen las buenas cualidades de la persona. No te pido que niegues lo que te han hecho, sino recuerda que no tienes que cargarlo, ¡échalo sobre Cristo! El lo carga y tú quedas libre para llenar tu mente con todo aquello positivo. Es una orden de Dios, y El sabe muy bien qué es aquello que nos proporciona salud mental.

COMO VIVIR CON EL DOLOR Y LAS ANSIEDADES DIARIAS

Tú ya oraste en cuanto a todo aquello que te dolía. Pero ¿qué tal que alguien te haga algo mañana que te cause dolor nuevamente? ¿Qué vas a hacer en ese caso? Cada creyente debe realizar un proceso de autosanidad interior cada día. No niegues el hecho de que tú no puedes cargar lo que Fulana de Tal te hizo hoy, no trates de olvidarlo; recuerda la escena y todo lo que sentiste. Tal vez ya no puedes recordarlo todo, entonces pide a Dios que te lo traiga a la memoria. Di la verdad.

"Señor, cuando él dijo_____ sentí_____ y aún siento _____. Yo no puedo soportarlo. Entra en esta escena, Cristo; yo lo echo sobre Ti. Por favor, llévalo en la cruz".

Cuando, por ejemplo, tu esposo llega enojado a la casa o tu esposa está de mal genio cuando tú llegas, di a Cristo exactamente cómo te sientes: "Yo me siento como si _____ (ejemplo: quisiera cogerla y sacudirla). Si es así como te sientes, dile a Cristo la verdad. No hay problema en que te sientas así.

La Biblia dice: "Airaos, pero no pequéis" (Efesios 4:26). Si estás enojado, dile la verdad a Dios. Sentirse enojado no es un problema para Dios; pues Cristo murió también por tu enojo. Los problemas surgirán, más bien, como consecuencia de tu conducta frente a dichos sentimientos. El ocultar a Dios lo que sientes y actuar inadecuadamente como consecuencia de ello, es lo que te acarreará dificultades, pero nunca la admisión sincera de tus sentimientos delante de Dios.

Con frecuencia oramos, "Dios, perdóname por haberme enojado", y luego nos tragamos todo lo que sentimos, tanto el enojo como el dolor que lo causó. Al día siguiente, hacemos lo mismo con otra dificultad. Día tras día lo repetimos, hasta que nos llenamos tanto de enojo y dolor que la más mínima cosa nos hace explotar y no podemos entonces entender por qué este asunto tan pequeño nos hizo reaccionar de una manera tan fuerte. Es por ello que Cristo tiene que llevar tanto nuestro enojo como nuestro dolor, pero no puede llevarlos si no los entregamos a El.

Dile ahora mismo la verdad: "Señor, yo no puedo con este enojo (o rabia) que siento. Yo estoy enojadísimo con _____ por_____ y no puedo soportarlo. Cristo, aquí tienes mi enojo y mi dolor; todo lo que _____ hizo y todo lo que siento. Yo no soy capaz de luchar con ellos, llévalos Tú y sáname. Lléname con tu perdón para que yo pueda extenderlo a él, porque en mí no existe ese perdón. Con Tú perdón, le perdono. Muéstrame a cambio, lo bueno que hay en él".

ECHANDO NUESTRAS ANSIEDADES SOBRE CRISTO

La Biblia nos ordena echar todas nuestras ansiedades sobre Cristo (1 Pedro 5:7). Todos quisiéramos hacerlo; tratamos de echarlas, pero siempre las recogemos de nuevo. ¿Cómo podemos hacerlo en forma definitiva? Tiempo atrás Dios me habló muy claro en cuanto a esto.

Antes que yo saliera para Colombia, murieron en un año tres miembros de mi familia: mi madre, mi padre y mi cuñado. Este último dejó a mi hermana y siete hijos con edades comprendidas entre los 2 y los 11 años.

Además, cuando salí de los Estados Unidos para ir a Costa Rica a aprender español, tenía que despedirme de mi tierra. Sabía que cuando regresara a mi país, no tendría a donde ir; porque la casa donde vivía antes, ya había sido ocupada por mi hermana viuda con sus siete hijos, y mis otras hermanas y mi hermano estaban también casados, tenían sus familias y sus casas estaban llenas de hijos. No habría cupo para mí en ninguna parte.

Sin embargo, Dios me dio una promesa; El me dijo: "Y cualquiera que haya dejado casas, o hermanos, o hermanas, o padre, o madre, o mujer, o hijos, o tierras, por mi nombre, recibirá cien veces más, y heredará la vida eterna" (Mateo 19:29).

Podía entender lo relacionado a la vida eterna, pero no podía entender el significado de tener otra vez padre, madre, hijos, o tierras. Me sentía totalmente sola.

Llegué a Costa Rica y allá conocí al que iba a ser mi esposo. Nos casamos y viajamos a Colombia. Ya tenía hogar, esposo, y pronto vinieron nuestros dos hijos. Sin embargo, un problema aún persistía. Cuando mi esposo, Carlos, tenía que viajar, yo me quedaba en casa, andando de cuarto en cuarto, orando: "Oh Señor, cuida a mi esposo; no quiero perderlo".

Siempre me sobrevenía la angustia que sentía cuando murieron mis padres. Sentía otra vez la angustia que sintió mi hermana cuando murió su esposo.

Dios era muy bueno conmigo, siempre me daba una promesa cuando Carlos salía, diciéndome: "Voy a llevarle con bien, te lo traeré otra vez".

Mi reacción a estas promesas era orar intensamente: "Señor, yo creo tu promesa, ayuda mi incredulidad". Sencillamente no podía sentir que él iba a volver otra vez.

Tal situación continuó año tras año. Yo leía en los periódicos sobre los choques de ómnibus y acumulaba esa terrible información dentro de mí. Los niños ya estaban creciendo y empezaban a notar mi angustia.

Un día, cuando vivíamos en Pasto, Carlos tuvo que ir a Tumaco para oficiar unos bautismos. La carretera de Pasto a Tumaco pasaba en aquel entonces por el sitio conocido como la "Nariz del Diablo". Allí el abismo al lado de la carretera sin asfaltar, alcanzaba cerca de 500 metros de profundidad y muchos ómnibus se habían accidentado en este lugar. Yo oré mucho, pidiendo a Dios que nos mandara el dinero necesario a fin de que Carlos pudiera ir en avioneta y evitara, así, el viaje por carretera. Sin embargo, Dios no nos mandó el dinero y él tuvo que viajar en autobús.

Antes que Carlos saliera, pedimos a Dios que lo

cuidara. Entonces Dios me dio la misma promesa: "Yo voy a llevarlo con bien, lo voy a bendecir allá y lo traeré otra vez a la casa con bien. No te preocupes".

El salió y yo empecé mi rutina de ir de cuarto en cuarto, frotándome las manos y orando: "Oh Señor, yo creo; de veras creo esta promesa, ayuda mi incredulidad".

Aquel día Dios me detuvo y me dijo: "Yo te prometí que iba a llevar a Carlos con bien, lo iba a bendecir y lo iba a traer otra vez sin novedad. Tú puedes creerlo o no creerlo, de acuerdo a lo que tú escojas. Por mi parte, yo lo prometí y lo voy a cumplir; ahora, tú puedes escoger lo que vas a hacer, puedes creer y quedarte tranquila, o puedes seguir así como estás, y enseñar a los niños a que no puedan confiar en Mí. La decisión es tuya".

Yo siempre me imaginé que la fe era algo muy grande que le sobrevenía a alguien, en forma digamos como de nube. Esta se apoderaba de la persona, generando instantáneamente una clase de fe, que uno no tenía antes.

Dios me enseñó aquel día, que la fe es una decisión que yo debo tomar, de creer más en lo que El me promete que en aquello que yo misma puedo sentir. Y esa es la fe verdadera: Creer más en lo que Dios nos promete que en lo que nosotros podemos sentir.

Ese día decidí echar sobre Cristo mis ansiedades y creer lo que El me decía. "Yo voy a creer", le dije a Cristo, "esta es mi decisión. Es cierto que yo no puedo sentir tu promesa, siento que Carlos se va a morir y no quiero quedarme sola con los niños. Pero tú me has dado una promesa y escojo voluntariamente creerte a Ti, antes que a aquello que yo pueda sentir. Echo sobre Ti todos mis sentimientos y todas mis ansiedades".

De repente me sentí tan libre, tan bien, tan aliviada… pero dicha sensación duró tan sólo cinco minutos, pasados los cuales nuevamente me volvieron todos aquellos pensamientos y sentimientos, igual que antes.

Una vez más oré, diciendo: "Señor, yo escojo creer más a Ti que a lo que yo pueda sentir".

Otra vez eché todo sobre Cristo y me sentí nuevamente aliviada… pero tan solo por otros cinco minutos. De esa manera pasé todo el día echando toda mi ansiedad sobre el Señor. Cuando llegó la noche, logré estar tranquila por períodos de 10 a 15 minutos. Al día siguiente, tuve que empezar de nuevo; ya que era un hábito muy arraigado en mí.

Cuando Carlos volvió, ya había logrado quedarme tranquila por intervalos de aproximadamente veinte minutos cada uno. El regresó bien y satisfecho por los bautismos oficiados.

Dios todavía tenía otra lección muy grande que enseñarme. Al día siguiente, leímos en el periódico que la avioneta sobre la cual yo había orado tanto, pidiendo que Dios nos enviara el dinero para el viaje, se había estrellado y todos lo que iban a bordo habían perecido. Dios había contestado mi oración a su manera.

A pesar de todo esto, allí no terminó la lucha con mi "hábito de pensar". Esta continuó durante aproximadamente tres años, después de lo cual pude finalmente estar tranquila cuando Carlos salía de viaje.

Dios me mostró que El me había sanado totalmente, cuando en 1982 mi esposo se accidentó gravemente en Alemania. Fue hospitalizado con contusiones cerebrales y tuve que contarle a mis hijos lo que había pasado. A pesar de ello, me sentí muy tranquila. Algún tiempo después, yo conté de nuevo esa experiencia, estando mi esposo presente. El me dijo después: "¿Por eso estabas tan tranquila? Se te veía tan calmada que me parecía que aun ni te había importado el accidente". El hecho era que Dios me había sanado y me había dado esa tranquilidad.

Dios puede cambiar tus hábitos de pensar. El cambió los míos a pesar de estar tan arraigados. ¿Cuál es, entonces, la ansiedad que tú debes echar sobre Cristo? ¿Cuál es ese hábito que tienes al pensar, que te amarga tanto la vida? El llevó todos nuestros traumas; permítele ahora mismo que cambie tu manera de pensar.

GOZO EN MEDIO DE PRUEBAS

Muchas veces nos preguntamos: "Si Dios me ama tanto, ¿por qué me tiene en esta situación tan difícil? ¿Por qué no me saca de esta prueba? ¿Por qué tengo tantas tentaciones? ¿Por qué no hace algo?"

¡El ya lo hizo! Cuando Dios nos creó, su intención era que viviéramos en el paraíso y nos dio la capacidad de vivir en ese ambiente. Nunca tuvo en sus planes que viviéramos en un ambiente como en el que nos encontramos ahora: lleno de conflictos, disputas, catástrofes, separaciones y angustias. Su plan era que nosotros permaneciéramos en el paraíso, donde todo fuese paz, gozo, entendimiento, y comprensión. ¡Ese era el plan original que El tenía para todos nosotros!

Sin embargo, nosotros escogimos no permanecer allí al caer nuestra raza en pecado. Nos alejamos del plan de Dios y quedamos fuera de nuestro ambiente natural. Somos ahora como peces viviendo en un árbol o pájaros en el agua.

Dios hubiera podido lavarse las manos delante de nosotros, diciendo: "Ustedes se metieron en esto, ustedes verán cómo van a salir". Pero no lo hizo así.

El vino a nosotros por medio de Jesucristo y nos rescató. Cristo nos ha prometido que volverá y restaurará las circunstancias de nuestra forma de vivir conforme a su plan original y al medio para el cual fuimos creados. Nos sacará de este mal ambiente en el cual no podemos vivir.

Pero mientras eso ocurre, estaremos viviendo entre el tiempo de la cruz y el tiempo cuando Cristo lo restaure todo. En tal transición, El no nos ha dejado solos, pues El está a nuestro lado, queriendo llevar nuestras cargas, nuestro dolor y nuestro afán. El está más triste por nuestra condición que lo que nosotros mismos podemos estar. El no quiso que sufriéramos así.

Siendo esa la verdad, ¿cuál debe ser nuestra actitud ante las pruebas y los problemas? Muchas veces hemos orado, diciendo: "Oh Señor, quítame esta prueba; quítame esta tentación; no puedo soportarlo más".

Sin embargo, observemos detalladamente lo que la palabra del Señor nos dice en Santiago 1:2, 12,17:

Hermanos míos, tened por sumo gozo cuando os halléis en diversas pruebas…. Bienaventurado el varón que soporta la tentación; porque cuando haya resistido la prueba, recibirá la corona de vida, que Dios ha prometido a los

que le aman.... Toda buena dádiva y todo don perfecto
desciende de lo alto, del Padre de las luces, en el cual no
hay mudanza ni sombra de variación.

Dios no nos manda algo que no sea bueno. El nos
dice que cuando nos encontramos en medio de pruebas,
debemos aceptarlas con gozo. ¡Eso es exactamente lo
opuesto de lo que hacemos! Cuando decimos: "Oh Señor,
quítame esta prueba", en realidad lo que estamos diciendo
según el versículo 12 es: "Oh Dios, quítame la corona de
vida". Porque lo que Dios dice es que, cuando hayamos
resistido la prueba, recibiremos la corona de vida. Qué nos
importa más: ¿tener la corona de vida que El nos ofrece
por toda la eternidad o tener ahora un poco de paz por unos
días?

En realidad, le estamos diciendo a Dios: "Dios, no
me importa la corona que Tú me vas a dar, yo quiero tener
paz; quiero vivir bien aquí y no me importa lo que pase en
el más allá. Quítame esa corona, porque yo no la quiero".

Mi madre me contaba que cuando yo estaba pequeña
y ella quería castigarme, siempre iba corriendo hacia ella y
me abrazaba a sus piernas. Me decía que le era muy difícil
hacerlo, porque cuando le sujetaba así, no tenía espacio
suficiente para castigarme bien. Hay que tener al niño a
cierta distancia para poderle castigar debidamente. Lo
interesante es que, aunque yo no entendía lo que estaba
haciendo, me daba cuenta de que cuando me prendía de ella
no me dolía tanto el castigo.

Cuando estamos en pruebas, casi siempre nos
retiramos de Dios, y en consecuencia la prueba nos duele
demasiado. Lo que debemos hacer es ir corriendo hacia
Dios. Si nos retiramos de El, la prueba se hace más do-
lorosa; pues si por lo contrario nos sujetamos fuertemente
de El, como yo de mi mamá, no sentiremos tanto el dolor.
El es el Dios de toda consolación (2 Corintios 1:3-4). El
quiere consolarnos en medio de todas nuestras pruebas y
dolores.

CONSOLANDO A OTROS

¡La consolación de Dios es tan diferente de nuestra consolación! Para consolar a alguien que esté pasando por un tiempo difícil, usamos frases tales como: "Ten paciencia". Si bien es bueno que tenga paciencia, no le decimos cómo encontrarla. Le decimos: "Ten fe". Pero ¿qué es la fe? Le decimos: "Ora". Pero ella ora y no pasa nada. Le decimos: "Da gracias por todo". Pero Dios dice (1 Tesalonicenses 5:18): "Dad gracias en todo".

Dar gracias por todo y dar gracias en todo, son dos cosas muy diferentes. Cuando yo enseñaba este curso de "sanidad interior" en el seminario, el padre de uno de los estudiantes murió asesinado por su cuñado, quien le apuñaló en el estómago.

Pregunté entonces a los estudiantes: "Ahora, ¿qué vamos a decirle a David? ¿Debe él dar gracias a Dios porque el cuñado mató a su padre? ¡Qué terrible sería hacerle dar gracias a Dios porque el cuñado asesinó a su papá!

JOSEFINA

El esposo de Josefina murió cuando sus hijos estaban aún muy pequeños. Ella lloraba desesperadamente, diciendo: "Dios, Tú eres injusto conmigo. ¿Qué voy a hacer con estos niños? ¿Qué voy a hacer para alimentarlos y educarlos? ¡Tú eres injusto!"

Los demás vinieron a consolarla, diciéndole: "No debes decirle eso a Dios, El nunca es injusto; tú tienes que darle gracias por todo. Da gracias a Dios porque tu esposo ha muerto y ya está con El".

A la pobre Josefina le hicieron dar gracias porque su esposo había muerto. A los tres meses estaba recluida en un hospital mental. Cristo nunca hizo tal cosa. Frente a la tumba de Lázaro El lloró. Aunque El sabía que dentro de algunos minutos Lázaro iba a volver a vivir, no regañó a Marta y María; ni les dijo: "Dad gracias porque Lázaro ha muerto". El se hizo parte de su dolor, las dejaba llorar y lloraba con ellas.

¿Cómo hubiera podido Josefina dar gracias en medio

de la muerte de su esposo? Dar gracias por todo, es tan diferente a dar gracias en cada situación. Ella hubiera podido más bien orar a gritos: "Dios, tú eres injusto conmigo. Yo siento que no es justo lo que Tú me estás haciendo. ¿Cómo voy a cuidar a estos chiquillos que Tú me has dado?" Hubiera podido gritar eso con todo el dolor de su corazón.

Los que la consolaban hubieran podido animarla, diciéndole: "Sí, eso es cierto, te parece que Dios es injusto. Tú sientes que El es injusto, entonces exprésale todo este dolor y confusión".

Josefina hubiera podido seguir orando a gritos: "Señor, yo no sé qué es lo que Tú estás haciendo conmigo; a mi me parece imposible esta situación, no entiendo lo que está pasando. No obstante, yo te doy gracias porque Tú eres mi Padre y Tú has prometido cuidar de mí. Tú sabes lo que vas a hacer, aunque yo no lo sepa. A mí me parece que esto no tiene sentido y que no hay esperanza. Pero yo te doy gracias porque Tú sabes qué es lo que haces, aunque yo no puedo entenderlo". Así ella hubiera podido sacar todo su dolor delante del Señor y dar gracias a Dios *en medio de él*, pero a la vez profundizar su confianza en el Señor. Luego, cuando sus hijos fuesen mayores, hubiera podido mirar atrás y también dar gracias a Dios *por todo* lo que El hizo y permitió.

Nunca debemos decir a una persona que no exprese su dolor, tiene que expresarlo. Cristo lloró con los que lloraban y nosotros también debemos hacerlo.

Otro dicho que usamos para consolar a otros es: "Pero mira al vecino: él tiene problemas mucho más graves que los tuyos. En realidad, tú no tienes problemas graves. Sé fuerte".

¡Esto no ayuda en nada! Cuando la persona está en medio de todos sus problemas, ve su cielo tan nublado, todo parece tan gris y tan opaco, que no puede ver manera alguna de escapar. De nada sirve decirle que la vecina tiene problemas peores. Lo único que logramos con ello es hacerle sentir culpable y agregarle a su carga los problemas del vecino.

Cuando uno está bajo una nube de problemas, no

percibe lo espesa que ésta es. El cielo de una persona puede estar cubierto con nubes muy espesas, mientras que las de otra persona, pueden ser más livianas, sin embargo, el cielo de ambas personas está cubierto totalmente y ninguna de las dos encuentra salida. Solamente logramos hacer que la persona sufra más, al decir que hay otros que enfrentan peores sufrimientos. La persona ya está sufriendo todo lo que puede aguantar y nuestro consejo sólo echa otra carga más sobre ella.

A veces tratamos de consolar a alguien diciéndole: "No te preocupes; Dios está probándote para ver si tú eres firme".

Una noche estábamos a punto de reunirnos para el culto de oración, cuando nos llegó la noticia de que uno de los miembros de la iglesia había perdido todo lo que tenía en un incendio. Lo único que les quedó fue la ropa que tenían puesta. Berta me acompañó a la casa de los vecinos para consolarlos. Al entrar en la casa, ella rápidamente le dijo a la pobre señora: "Es solamente una prueba que Dios te manda para ver si tú eres firme. Es solamente para ver si le amas más a El que a las cosas materiales. No te preocupes; es sólo una prueba, Dios quiere ver cuán fuerte eres; sólo quiere ver si ustedes le aman bastante…"

Esa pobre mujer que había perdido todo, se quedó completamente confundida. Lo único que Berta logró, fue hacer que la señora se sintiera peor. Cuando pude llegar donde ella, le abrí mis brazos. Ella puso la cabeza en mi hombro y lloró. La dejé llorar hasta que se calmó; eso era lo que necesitaba. Necesitaba una manera de expresar el dolor y la confusión que sentía. Luego pudimos llevarles a la casa para comer, buscarles ropa para toda la familia y un lugar donde pudieran quedarse.

10

Una vida útil para Dios

¿Por qué es que nosotros tenemos que sufrir tentaciones y pruebas? ¿Es cierto que Dios nos manda pruebas para ver si somos bastante fuertes para soportarlas? En 1 Corintios 10:13 Dios nos dice:

No os ha sobrevenido ninguna tentación que no sea humana; pero fiel es Dios, que no os dejará ser tentados más de lo que podéis resistir, sino que dará también juntamente con la tentación la salida, para que podáis soportar.

Este versículo no dice: "Os dejará ser tentados para ver lo que podéis resistir".

Dios ya sabe cuán fuertes somos. ¿Acaso El no lo sabe todo? ¿Acaso es que El tiene que probarnos para darse cuenta cómo somos? ¡Claro que no! El ya lo sabe; somos nosotros los que no sabemos cuán fuertes somos en El.

En Job 1:8 dice que un día Satanás se presentó delante de Dios y Dios le preguntó: "¿Has visto a mi siervo Job? Es un hombre muy bueno".

Satanás le dijo: "¿Acaso teme Job a Dios de balde? ¿No le has cercado alrededor a él y a su casa y a todo lo que tiene? Al trabajo de sus manos has dado bendición; por tanto, sus bienes han aumentado sobre la tierra".

He aquí lo que pasó: Satanás quería tentarlo y hacerle caer. Le trajo toda clase de tentaciones, pero cuando llegó a Job encontró alrededor de él una cerca y no pudo alcanzarle.

Job quería servir a Dios con todo su corazón (Job, capítulo 1), le había buscado y quería conocerle a fondo. El estaba dentro de la voluntad de Dios. Podemos ilustrarlo así:

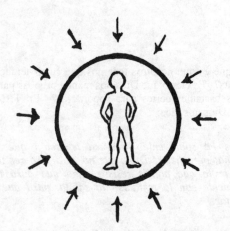

Job cercado por Dios y atacado por Satanás

Cuando Satanás llegó donde estaba Dios le dijo: "Es lógico que Job te sirva con fidelidad, porque tú no me has permitido hacerle nada".

Dios le dijo: "Mira, hagamos una cosa: te hago un hueco en la cerca para que todo lo que él tiene esté al alcance de tu mano. Solamente, no pongas tu mano sobre él" (Job 1:12).

Dios había visto cuán fuerte era Job y calculó exactamente la prueba. Satanás podría destruir todo lo que

Job tenía, pero no podría tocarle a él. Podemos ilustrarlo así:

Job atacado por Satanás a través
de un hueco en la cerca.

Satanás volvió otra vez donde estaba Dios, y Dios le dijo: "Mira todo lo que has hecho a mi siervo y no ha pecado".

Satanás le dijo (Job 2:4-5): "Piel por piel, todo lo que el hombre tiene dará para su vida. Pero extiende ahora tu mano, y toca su hueso y su carne, y verás si no blasfema contra ti en tu misma presencia".

Dios le dijo a Satanás: "He aquí, él está en tu mano, mas guarda su vida".

Job había crecido con la primera prueba. Dios sabía que estaba más fuerte y abrió otra brecha en la cerca, diciendo a Satanás: "Puedes tocar el cuerpo pero no le quites la vida". Nuevamente, la tentación fue calculada exactamente según la fuerza de Job. Podemos ilustrarlo así:

El segundo hueco en la cerca alrededor de Job.

En la primera prueba, es posible que si Dios le hubiera permitido a Satanás que tocara el cuerpo de Job, la prueba hubiera sido demasiado fuerte; quizás por ello Dios no se lo permitió. En la segunda prueba, Job ya había crecido bastante para permitírselo. Dios sabía exactamente qué fuerza tenía él.

Es bien claro que el propósito de Satanás era destruir a Job, pero Dios tenía otro propósito. Mientras Job estuviera dentro de la voluntad de Dios, nada ni nadie podría tocarle diferente a aquello que Dios había calculado y permitido previamente para la consecución de su propósito en la vida de Job.

Lo mismo pasa con nosotros; mientras permanezcamos dentro de la voluntad de Dios, estaremos totalmente seguros. Pero pobres de nosotros si quedamos sin la protección de Dios; Satanás puede venir con cualquier prueba, con cualquier tentación y destruirnos.

Sin la protección de Dios no podremos resistir esos ataques. Podemos ilustrarlo así:

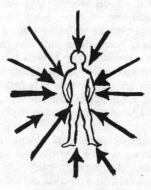

La persona fuera de la voluntad
y protección de Dios,
atacada por Satanás

Si vivimos en la voluntad de Dios, el solo hecho de encontrarnos en una prueba ya nos dice que podremos soportarla. Dios no la permitiría si no tuviésemos la fuerza para resistirla.

LA LORA

Una vez un cazador atrapó una lora y se la llevó a un amigo que tenía una gran jaula a un lado del patio de su casa. Metieron la lora en la jaula y al volar contra un costado de la misma, cayó al suelo. Nuevamente intentó volar, pero volvió a caer. Al ver esto, su amigo le dijo que era necesario encadenarla o de otro modo se mataría. Así que, con una cadena le ataron una pata a uno de los palitos donde se paraba. La lora voló hasta donde la cadena le permitió y luego cayó. Finalmente se dio cuenta de que estaba encadenada y no podía escapar. Entonces se paró en el palo y se adaptó a su situación. Cuando el amigo volvió a ver la lora, dijo que ya podían quitarle la cadena. Lo hicieron así, pero la lora no se dio cuenta y siguió pensando que estaba encadenada. Ella se había adaptado tanto a esas circunstancias, que había aceptado tal situación y no intentó escaparse nuevamente.

En la casa también tenían un gato. Un día los niños dejaron abierta la puerta de la jaula y el gato entró y se la comió. La lora, pensando que todavía estaba encadenada, se quedó parada en el palo y el gato la atrapó.

Esa jaula era muy grande y la lora hubiera podido volar y escapar por la puerta. Sin embargo, por pensar que estaba encadenada, se quedó parada y dejó que el gato se la comiera.

Si después de quitarle la cadena, alguien hubiera metido un palo en la jaula y arrojado la lora al suelo, ella hubiera gritado: "¡Déjenme en paz! Me sacaron de mi hogar, me encarcelaron y encima de todo me están molestando".

Pero, si a pesar de sus quejas, hubieran seguido haciéndolo, poco a poco la lora se hubiera dado cuenta de que ya no estaba encadenada y hubiera empezado a utilizar sus alas otra vez. Al entrar el gato en la jaula, la lora hubiera salido volando por la puerta, y hubiera escapado.

Nosotros somos como la lora. Satanás nos tenía encadenados y lo sabemos bien. Diariamente nos vienen problemas y dificultades, cada uno de los cuales nos hace crecer un poquito más. Un día Dios ve que ya estamos más fuertes y liberados de nuestras debilidades y fracasos, pero nosotros todavía no nos damos cuenta del cambio. Seguimos pensando que somos débiles y que no podemos enfrentarnos con situaciones más difíciles.

Si Dios permite una prueba que nos lanza al suelo, gritamos: "¡Ay! Dios mío, quítame esta prueba; me está mortificando. ¿Acaso no tengo ya bastantes problemas? ¡Quítamela, por favor!" Sin embargo, Dios no lo hace.

Exclamamos nuevamente: "¡Señor!, ¿por qué me tratas tan duro?" Pero Dios permite que la prueba siga. Luego, poco a poco, en medio de la situación, empezamos a encontrar nuestras "alas de fe" y empezamos a volar. Volamos por encima de la prueba, y cuando hemos aprendido que sí podemos vivir en victoria en medio de ella, ésta pasa. Entonces nos damos cuenta de que nunca más tendremos que temer a esta clase de prueba, porque sabemos que podremos vencerla. Estamos libres de ella. Cuando ya ha pasado, podremos mirar atrás y decir: "Gracias, Señor, por esta experiencia y por todo lo que me enseñaste a través de ella".

El versículo 13 en 1 Corintios 10 nos dice que Dios es fiel y no permite que seamos tentados más de lo que podemos soportar, sino que juntamente con la tentación nos da la salida. Lo que pasa es que, cuando estamos en medio de dificultades, estamos tan ocupados en clamar a Dios a gritos que nos saque de éstas, que se nos olvida pedir para que nos muestre la salida. Dios siempre nos provee de ella, pero Satanás busca asegurarse de que esté tan bien tapada que no podamos encontrarla.

En realidad, lo que debemos exclamar en medio de la prueba es: "Señor, siento que no puedo soportar esto. Mis propias fuerzas se acaban. Tú has prometido que no vas a permitir tentación ni prueba que sea más de lo que yo puedo soportar, y que cada una tiene una salida. Muéstrame, pues, esa salida".

No obstante, nos preguntamos: Si Dios ya sabe que estoy suficientemente fuerte para resistir la prueba, ¿por qué tengo que saberlo yo? ¿Por qué no puedo vivir tranquilo? ¿Qué quiere hacer Dios conmigo? La respuesta es que Él también tiene otros propósitos para tu vida.

EN LA UNIVERSIDAD PRIVADA DE DIOS

Cuando Dios me mostró los versículos 3 y 4 en 2 Corintios 1, yo estaba pasando por un tiempo extremadamente difícil. Siete semanas antes de graduarme de enfermera, recibí una llamada telefónica en la que me comunicaban que mi mamá había sufrido un derrame cerebral, estaba en cama y no podía hablar ni moverse. Al terminar mis estudios, mi deseo era ir a una universidad cristiana para prepararme como misionera. En vez de esto, tuve que quedarme en casa cuidándole a ella.

Mi mamá estaba completamente inválida y nosotros teníamos que atenderle como a una niña. La única manera que teníamos de comunicarnos con ella era que si quería decir "sí", debía sacar la lengua y si quería decir "no", no la sacara. Después de un tiempo no pudo hacer siquiera eso. Le dijimos entonces, que si quería decir "sí", respirara profundamente y si quería decir "no", no lo hiciera. Mi hermana menor y yo la cuidamos así por más de tres años.

Estando en esta situación, me enfermé de fiebre reumática y estuve en cama al lado de mi mamá durante seis meses. El médico me dijo que no podía ni siquiera bajar las piernas al lado de la cama porque eso podía perjudicarme el corazón. Sin embargo, yo tenía que levantarme a atender a mi mamá de noche, porque mi hermana necesitaba dormir. Fue realmente un milagro de Dios que no me quedara una lesión cardíaca.

Dos meses después de yo poder levantarme de la cama, mi papá sufrió un infarto y estuvo en cama por seis semanas. Poco después de mi papá mejorar, todos nos enfermamos de una especie de gripe asiática, con fiebres de más de 40 y una tos muy fuerte. Estando en esta situación, mi hermana se cayó y se fracturó el brazo derecho. Ella estaba estudiando pintura al óleo en la universidad y pintaba con la mano derecha. Mi papá también se enfermó de diabetes y teníamos que prestarle mucha atención a su alimentación.

Además de todo ello, mi mamá tenía una hernia umbilical, y cada vez que tosía se le pronunciaba. Tratamos de vendarla con esparadrapo, pero le produjo una alergia tal, que la piel se le quemaba. Con la fiebre tan alta que tenía, me tocó pararme a su lado toda la noche y mantener mi mano encima de la hernia mientras ella tosía. Finalmente, mi hermana mayor tuvo que venir a casa a ayudarnos.

Salimos de esta crisis y tuvimos dos meses de tranquilidad, cuando, de repente, mi papá tuvo el segundo infarto, y cuarenta y ocho horas después murió. Nueve semanas más tarde, mi mamá murió. También, seis meses después, yo estuve hospitalizada por una operación de la vesícula y seis meses después de la cirugía murió accidentado mi cuñado, dejando a mi hermana sola con siete hijos. Nos sentimos como Job (capítulo 23:8-10), cuando dijo:

118

He aquí yo iré al oriente, y no lo hallaré [a Dios]; y al occidente, y no lo percibiré; si muestra su poder al norte, yo no lo veré; al sur se esconderá, y no lo veré. Mas El conoce mi camino; me probará, y saldré como oro.

Job no pudo encontrar a Dios en ninguna parte, y así nos sentimos también nosotros. Fue entonces, en medio de este dolor y confusión, que Dios me dio los versículos en 2 Corintios 1:3-4 que dicen:

Bendito sea el Dios y Padre de nuestro Señor Jesucristo, Padre de misericordias y Dios de toda consolación, el cual nos consuela en todas nuestras tribulaciones, para que podamos también nosotros consolar a los que están en cualquier tribulación, por medio de la consolación con que nosotros somos consolados por Dios.

Dios me consoló en medio de estos dolores. Yo quería estudiar en la universidad cristiana para prepararme como misionera; pero Dios me puso en su propia universidad. El me consoló con la misma consolación con que ahora yo consuelo a otros.

Dios no nos manda ángeles para consolarnos, porque ellos no pueden experimentar sentimientos como los nuestros. Ellos nunca han sufrido nuestras pruebas y dolores, y no pueden darnos esa consolación que nosotros necesitamos. Dios nos manda personas que han experimentado su consolación y pueden darnos la que nosotros necesitamos.

¿Qué es lo que Dios está tratando de hacer contigo por medio de las pruebas? El está tratando de consolarte y hacer de ti un instrumento útil para ministrar a otros.

EKHARD

Ekhard estaba perdiendo la vista. Cuando estuvimos en Alemania nos pidió que lo visitáramos porque quería hablar con nosotros. Algunos creyentes de su iglesia habían orado por él varias veces para que Dios le sanara los ojos, pero no hubo ninguna mejoría. Entonces le dijeron que le faltaba fe para ser sano, pero nadie le dijo cómo podía acrecentar su fe.

"Yo creo que Dios puede sanarme" —dijo Ekhard. "Creo que El quiere sanarme, pero yo no puedo producir más fe".

Otros le dijeron: "Es la voluntad de Dios que quedes ciego".

"¿Cómo es posible —preguntaba Ekhard—, que Dios quiera que yo sea ciego? ¿Creen ustedes que es la voluntad de Dios, quien me ama tanto, que yo quede ciego? No puedo creer eso, siendo El un Dios de amor".

"Ekhard, puedes estar seguro de una cosa: No es la voluntad de Dios que tú quedes ciego" —le contesté. "La voluntad original de Dios es que estés en el paraíso donde no hay ni enfermedad, ni pecado, ni muerte. Esa es la voluntad de Dios para ti y no es que estés en esta situación lamentable. A El le duele aun más que a ti".

Ya vimos que el plan de Dios era que nosotros viviéramos en el paraíso, donde no había enfermedad, peleas, disgustos, ni muerte. El nos dio la capacidad de disfrutar de ello y no nos dio la capacidad de vivir en el ambiente del mundo como lo conocemos ahora. Como dijimos antes, somos como pájaros viviendo en el agua o peces en los árboles, estamos fuera de nuestro ambiente natural; pero eso no es culpa de Dios, fuimos nosotros quienes escogimos salir de ese ambiente natural. Algún día Dios nos restaurará a nuestro ambiente natural. Según Apocalipsis 22, El va a devolvernos el ambiente del paraíso en forma de "Cielo Nuevo" y "Tierra Nueva". Por esto pude asegurar a Ekhard que algún día Dios iba a sanarle la vista; podría ser ahora, por un milagro, o más tarde, cuando todas las cosas sean restauradas. Mientras tanto, Dios está más triste por la situación de Ekhard que lo que él mismo puede estar.

"Durante el tiempo que estés ciego —le dije a Ekhard—, Cristo estará a tu lado. El te dice en 1 Pedro 1:7: 'Echa sobre mí toda esa angustia que sientes; la de poner en tantos trabajos a tu esposa; la que tú sientes cuando tienes que preguntar donde está cualquier cosa que necesitas'.

Echa todas esas angustias sobre Cristo. El quiere cargarla por ti. El sabe que tú no eres capaz, pues El nunca puso esa capacidad en ti cuando te creó.

"Acógete a la consolación de Dios mientras estás pasando por este tiempo de ajuste y cuando ni siquiera entiendes lo que te está sucediendo. Entonces cuando hayas recibido la consolación de Dios, El te enviará a otros que estén sufriendo pruebas, como las que estás sufriendo ahora. El te va a usar para traerles la misma consolación que ahora te da a ti".

Job había orado y buscado a Dios (Job 1), quería conocerle mejor y acercarse más a El. En todo el libro de Job leemos sobre sus pruebas y sobre cómo sus amigos querían consolarlo. Al fin Job sale de su larga prueba, y Dios restaura doblemente lo que Satanás le había quitado. Entonces Job dice en el último capítulo (42:5): "De oídos te había oído, más ahora mis ojos te ven". Antes él había oído de Dios pero no había llegado a conocerle realmente. Ahora le conoce bien. Ese es el propósito de Dios; El quiere que le conozcamos mejor y que sepamos la extensión de su poder y su consolación.

La vida puede compararse a una escuela. Durante el año aprendemos muchas cosas y luego vienen los exámenes. Si los aprobamos, pasamos al siguiente curso, pero si los perdemos, tenemos que repetirlo. Job los aprobó y no tuvo que tomarlo otra vez. Ya estaba listo para experimentar y enfrentar nuevas cosas.

Cuando estamos en medio de una prueba (el examen), parece como si nunca fuese a terminar y que el resto de la vida fuese a seguir igual. Empero, cada prueba tiene su fin. Un día vamos a salir de ella y daremos gracias a Dios tanto por todos esos años difíciles, como por lo que aprendimos.

Yo no podía dar gracias a Dios por las dificultades cuando estaba en medio de ellas. Pero ahora, al mirar atrás, doy gracias a Dios por todo lo que sufrí y por lo mucho que aprendí. Ahora, como yo he sufrido y he sido consolada y sanada, yo puedo entender a otros que sufren.

Si tú quieres tener una vida provechosa y útil para Dios, no debes huir de las pruebas, porque El tiene un propósito a través de ellas. Mientras estés en la voluntad de Dios, puedes estar completamente seguro de que la prueba que estás sufriendo ha sido calculada exactamente a la medida de la fuerza que tú tienes en El. Tú estás sufriendo para que puedas conocer y experimentar la consolación de Dios y para que más tarde consueles a otros con esta misma consolación.

Así como en el caso de Job, podemos también estar seguros de que Satanás quiere usar las pruebas y tentaciones para destruirnos. Es claro que Satanás te ha traído todos los traumas y heridas que tú has sufrido en tu vida, para destruirte y hacerte inútil. Lo lindo es que Dios toma exactamente esos mismos traumas y esas mismas pruebas que te han causado tantos dolores y problemas, te consuela y te sana y los aprovecha para hacerte útil consolando a otros.

En otras palabras, lo mismo que Satanás quería usar para tu destrucción, Dios lo usa para hacerte útil. ¿No es eso lo que tú quieres? ¿No quieres que Dios te use para traer sanidad y consolación a otros? Tú ya has recibido la sanidad y consolación de Dios, ahora estás listo para salir y llevarlas a otros que angustiosamente la reclamen.

Toma unos momentos ahora mismo y da gracias a Dios por la sanidad y consolación que te ha dado y la que darás a otros.